Knaur

W0327918

Anita Heßmann-Kosaris

Heilschnäpse, Heilweine & Heilliköre

- Edle Tropfen für die Gesundheit
- 44 Rezepte zum Selbermachen

www.knaur.de

Inhaltsverzeichnis

Heiltrank im Nu selber zubereiten – praktische Tipps und Tricks

Gesunde Rezepturen zum Vorbeugen, Helfen und Heilen

Heilweine & Co. – die guten Geister unserer Hausapotheke

Heilsame Elixiere für die Hausapotheke lassen sich mit fertigem Wein oder mit Spirituosen schnell und unkompliziert herstellen.

Gehören Sie auch zu den Menschen, die sich erst einmal selbst helfen, wenn sie sich krank fühlen? Und die gerne vorsorglich etwas für ihr Wohlbefinden tun? Nun, wir möchten Sie dabei unterstützen. In diesem Buch finden Sie viele Anregungen, wie Sie sich mit Hilfe von Heilweinen, -schnäpsen und -likören etwas Gutes tun können. Wir zeigen Ihnen, wie Sie die hochprozentige Naturmedizin selbst herstellen und bei vielen alltäglichen Unpässlichkeiten nutzen können, so etwa bei Husten, Schnupfen und Halsentzündungen, bei Magenverstimmungen, Blähungen und Völlegefühl, aber auch bei Nieren- und Blasenreizungen. Außerdem können Sie mit dem alkoholhaltigen Hausmittel die Bemühungen des Arztes unterstützen, wenn es um chronische Leiden wie etwa Herz-Kreislauf-Störungen oder rheumatische Beschwerden geht.

Doch vorbei sind die Zeiten, als Heiltränke aufwändig hergestellt wurden und oft wochenlang »ziehen« mussten. Inzwischen wissen wir dank moderner wissenschaftlicher Verfahren, auf welche Art und Weise Kräuter, Beeren und Früchte in Alkohol ihr Bestes geben. Deshalb können wir heilsame Elixiere für den Hausgebrauch ganz unkompliziert mit fertigem Wein oder Spirituosen im Nu selbst herstellen. Dabei sammelt der Wein als »Auszugsmittel« besondere Pluspunkte, obwohl sein Alkoholgehalt deutlich unter dem der Spirituosen liegt, denn der vergorene Rebensaft steuert selbst jede Menge wertvoller Wirk- und Aromastoffe bei. Aber auch der hochprozentige Heilschnaps hat seine Vorzüge, da er »konzentriert« ans Werk geht – oder in Form von Likör die flüssige Arznei geschmacklich verfeinert.

Keine Frage: Alkohol allein hat schon – in Maßen konsumiert – ganz beachtliche Effekte. Einer der bekanntesten: Er schützt vor Herzinfarkt und Schlaganfall, denn Alkohol hält die Adern von Ablagerungen frei. Beste Voraussetzungen also, dem Risiko von

Herz-Kreislauf-Erkrankungen, von Angina pectoris bis hin zum Infarkt, zu entgehen. Daher ist es verständlich, dass moderne Ärzte das »Gläschen in Ehren« nicht nur akzeptieren, sondern sogar empfehlen. Ein US-Forscherteam präsentierte unlängst eine großangelegte Studie, wonach Alkohol bei über 65-Jährigen das Risiko einer Altersdemenz um mehr als die Hälfte im Vergleich zu Abstinenten senkt. Allerdings verkehrt sich das Verhältnis bei größeren Mengen ins Gegenteil, was wiederum die alte Erkenntnis bestätigt: Die Dosis macht das Gift. Und das trifft natürlich auch und gerade auf die in Alkohol gelösten Pflanzenkräfte zu.

Eines sollte deshalb klar sein: Lassen Sie sich angesichts der erhofften Heilwirkungen nicht dazu verleiten, Ihr »Hausmittel« in rauen Mengen zu genießen, denn Alkohol setzt seine Heilkräfte nur wohldosiert frei. Ab wann das Maß voll ist, auch das werden Sie in diesem Buch erfahren. Und noch etwas: Bei manchen körperlichen und seelischen Beschwerden ist es allein mit dem Gläschen Heilwein, -schnaps oder -likör auch nicht getan. Zögern Sie in solch einem Falle nicht, die professionelle Hilfe eines Arztes oder Heilpraktikers in Anspruch zu nehmen.

Selbst gemachte Heilschnäpse, Heilweine und Heilliköre helfen bei vielerlei Beschwerden.

Zu viel und zu oft konsumierter Alkohol macht den gesundheitlichen Vorsprung schnell zunichte.

Über Alkohol kann man nicht genug wissen

Alkohol – eine kleine Kulturgeschichte

Mit den mehr oder weniger hochprozentigen Elixieren wussten schon unsere Urahnen etwas anzufangen. Offenbar waren sie sehr früh dahinter gekommen, dass sich mit alkoholischen Zubereitungen die Lebensgeister wecken lassen. Sie wussten zwar nichts darüber, wie und warum diese Wirkung zustande kam, doch wie jahrtausendealte Zeugnisse belegen, haben sich die Menschen bereits in grauer Vorzeit so einiges zusammengebraut aus Früchten und Wurzeln oder dem Saft von Bäumen.

Was lange gärt …

Vermutlich war Met aus vergorenem Honig und Wasser das erste alkoholische Getränk der Menschheitsgeschichte überhaupt. Es wird aus der Flüssigkeit erzeugt, die beim Auswaschen der Bienenwaben zurückbleibt. Die Menschen hatten wohl entdeckt, dass dieses Gemisch in der Sonne zu brodeln anfing und sich veränderte. Zu solch einer alkoholischen Gärung, ohne die es weder Wein, Bier noch Spirituosen gäbe, kommt es in der Natur auch ohne unser Zutun. Dafür sorgen Hefepilze, die beim Abbau von Zucker und Stärke in den Pflanzen Energie freisetzen, wobei Alkohol (genauer: Äthanol) entsteht. Dies offenbar auch zur Freude anderer Erdenbewohner, wie etwa Elefanten, Gazellen und Affen, die sich mit Vorliebe vergärte Früchte einverleiben – und danach beschwipst durch den Urwald torkeln, wie Tierfilmer dokumentierten.

Da Menschen und viele Tiere über ein Gen verfügen (Alkoholdehydrogenase, ADH), das für den Stoffwechsel von Alkohol zuständig ist, gehen Wissenschaftler davon aus, dass der Organismus unserer Vorfahren schon sehr früh Bekanntschaft mit vergorener Nahrung gemacht hat. Dafür sprechen einige uralte Funde, wonach bereits vor Tausenden von Jahren die Chinesen, Inder und Afrikaner, die Azteken ebenso wie die Steppennomaden oder die Ureinwohner Amerikas alkoholische Zubereitungen zu religiösen Festen und Riten tranken.

Die alkoholische Gärung ist ein natürlicher biologischer Prozess, der ohne zusätzliche Chemie abläuft.

Begehrte Arznei im alten Ägypten

Es gibt Hinweise, dass bereits 8000 Jahre vor unserer Zeitrechnung die Menschen im vorderen Orient aus Getreide Bier brauten. Wein soll erst 4000 Jahre später in Vorderasien und Ägypten systematisch angebaut und gekeltert worden sein. Werkzeuge aus dem 5. und 6. Jahrtausend lassen darauf schließen, dass schon die Nomadenvölker eine Art Wein erzeugt haben, vermutlich aus wilden Weintrauben und Maulbeeren. Man nimmt an, dass der Kaukasus das Ursprungsland aller Weinarten ist. Im alten Ägypten gehörte es an Festtagen zum kulturellen Pflichtprogramm, sich mit alkoholischen Getränken wie Bier und Wein einen ordentlichen Rausch anzutrinken. Pharaonen, Tempelpriester und Hofschranzen betranken sich bis zur – als heilig angesehenen – Bewusstlosigkeit.

Das Wort »Wein« leitet sich vermutlich vom lateinischen »Vinum« und dem griechischen »Oinos« oder »Woinos« ab.

In der hochentwickelten ägyptischen Medizin war Wein bereits ein begehrtes Heilmittel, mit dem Rheuma, Schwellungen und Wunden behandelt wurden. Wie überlieferte Rezepte zeigen, mischte man Arzneien aus Wein und verschiedenen Zutaten, um Schmerzen, Verstopfung, Magen-, Darm- und Lebererkrankungen zu kurieren.

Bei den alten Griechen und Römern war nicht das Bier, sondern der Wein das flüssige Nahrungsmittel Nummer eins. Die Griechen pflegten ihren alkoholischen Durstlöscher stark mit Wasser zu verdünnen. Wer den Göttertrank pur becherte, galt als Säufer. Sich von Zeit zu Zeit bei einem Trinkgelage (dem »Symposion«) ganz gezielt einen Rausch anzutrinken stand dazu keineswegs im Widerspruch, denn Wein hatte auch bei den Griechen eine mystische Bedeutung. Erst im berauschten Zustand, so glaubten sie, konnten sie ihren Göttern näher sein. Um auf Nummer sicher zu gehen, mischten sie pflanzliche »Drogen« aus Tollkirschen oder Mohn in ihren »Göttertrank«. Es war aber auch sonst durchaus üblich, den Wein mit Gwürzkräutern wie Thymian, Salbei oder Lavendel sowie mit Honig, Harz oder Aromastoffen zu versetzen.

Bier und Wein wurden als Getränk, Opfergabe und Genussmittel geschätzt. Trunkenheit wurde im Rahmen kultischer Handlungen, nicht aber im Alltag toleriert.

Fast schon ein Universalheilmittel

Es gab übrigens schon damals im ägyptischen, hebräischen, griechischen und römischen Kulturkreis Aufrufe zur Mäßigung.
Den Genuss von Wein in religiöse Rituale einzubetten zielte aus heutiger Sicht vor allem darauf ab, den Konsum besser unter Kontrolle zu bekommen. Als Gesundheitselixier war Wein aber nach wie vor für alles Mögliche gut. Schließlich ist der Wein »ein Ding, in wunderbarer Weise für den Menschen geeignet, vorausgesetzt, dass er bei guter und schlechter Gesundheit sinnvoll und in rechtem Maße verwandt wird«, wie Hippokrates (460–375 v. Chr.) erkannt hatte. Der griechische Arzt und seine Schüler schätzten verdünnten Wein als fiebersenkendes und stärkendes Mittel. Den puren Wein verordneten sie ihren Patienten beispielsweise bei Verdauungsbeschwerden, Herz-Kreislauf-Problemen und Augenerkrankungen sowie bei Verstimmungszuständen und Kopfschmerzen. Wein sollte auch zur Beruhigung und als Schlafmittel dienen.

Mit Wein vor Seuchen gefeit

Auch die Römer hatten den gesundheitlichen Nutzen des Durstlöschers im Visier. Sie verwendeten Wein äußerlich, um Wunden zu reinigen, und innerlich, um gegen Seuchen gefeit zu sein. Cäsar (100–44 v. Chr.) soll seinen Soldaten täglich einen Liter Wein verordnet haben, nicht nur, um sie bei Laune zu halten, sondern um sie besser gegen ansteckende Krankheiten wie Typhus, Ruhr und Cholera zu wappnen. Das verschmutzte Wasser war aus gesundheitlichen Gründen nicht geeignet, den Durst zu stillen. Bier und Wein hingegen waren wegen ihres Gehaltes an Alkohol und organischen Säuren frei von den allgegenwärtigen Krankheitserregern.
Jahrhunderte später folgte Kaiser Napoleon (1769–1822) dem Beispiel Caesars und ließ seinen Soldaten auf den Feldzügen Wein zuteilen. Auch bei der italienischen Armee gehörte im Zweiten Weltkrieg Wein zur täglichen Ration.

Hippokrates beschrieb bereits um 400 v. Chr. mehrere hundert Heilpflanzen.

Galenus gilt als einer der bedeutendsten Ärzte des Altertums.

Schmackhafte Medizin – für römische Männer

Doch zurück in die Antike, wo Plinius der Ältere (23–79) den »Nutzen des Weines der Kraft der Götter« gleichsetzte und der Geschichtsschreiber Plutarch (um 45–125) notierte: »Wein ist unter den Getränken das nützlichste, unter den Arzneien das schmackhafteste, und unter den Nahrungsmitteln das angenehmste.« Diese Erfahrung blieb allerdings den Männern vorbehalten; der Weingenuss war nämlich den Frauen im alten Rom untersagt, da sie andernfalls, wie es heißt, nicht in der Lage wären, ihre sexuelle Lust zu zügeln.

Den römischen Arzt Galenus (129–199) interessierten die therapeutischen Effekte der verschiedenen Weinsorten, die er für allerlei medizinische Zwecke einsetzte. Er ließ offene Wunden mit weingetränkten Tüchern abdecken und nutzte jungen und alten Wein äußerlich für Auflagen und Massagen. Bei längerem Fieber bekamen seine Patienten angewärmten leichten Wein zu trinken; bei Bauchschmerzen, die mit Fieber einhergehen, verordnete er schwere, dunkle Weine; die herberen Sorten dienten dazu, Blutungen zu stillen. Chinesische Ärzte betäubten derweil die Schmerzen ihrer Patienten mit einem Gemisch aus Wein und Hanföl.

Ein wahrhaft biblischer Tropfen

Kaiser Karl der Große (742–814) ließ an der Mosel die ersten Weinstöcke setzen.

Mit den Römern kam der Wein über Gallien zu den Germanen. Durch die fortschreitende Christianisierung des Landes wurde immer mehr Messwein gebraucht. Im frühen Mittelalter war der Weinbau eine Domäne der Kirchen und Klöster, die einen schwunghaften Handel unterhielten und so ihre Kassen füllten. Doch nicht nur die Bevölkerung, auch die Gottesmänner und -frauen sollen selbst reichlich dem vergorenen Rebensaft zugesprochen haben. Sie sahen sich damit offenbar ganz im Einklang mit der christlichen Lehre. Bibelkundige haben 600 Stellen gezählt, an denen von Wein die Rede ist, doch nirgendwo ein Verbot geschweige denn das Ideal der Abstinenz gefunden.

Klostermedizin gegen allerlei Gebrechen

Den selbst gekelterten Wein bekamen aber nicht nur Pilger und Bedürftige als Stärkungsmittel, man verabreichte ihn auch als Heiltrank den Kranken, die in den Hospizien der Klöster gepflegt wurden. Mittelalterliche Heilkundige wie Hildegard von Bingen (1098–1179) schätzten den erhitzten Wein, in dem zuvor Kräuter und Gewürze kräftig gekocht worden waren. Wein mit den entsprechenden Zugaben war für die Äbtissin das rechte Mittel, um »gebrochene und kranke Eingeweide« zu heilen, Magenschmerzen zu lindern und die Lungen zu kräftigen. Eine ihrer Empfehlungen lautete: »Wer im Herzen, in der Milz oder in der Seite Schmerzen hat, koche Petersilie in Wein, füge etwas Essig und genug Honig bei, seihe es durch ein Tuch und trinke es oft, und es heilt ihn.« Geradezu legendär ist der Wermutwein, den man über ihre Zeit hinaus als Universalheilmittel gegen alle möglichen Gebrechen ansah.

Die Römer brachten die ersten Weinstöcke über Gallien nach Germanien.

Überall, wo Wein getrunken wurde, gab es ähnliche Rezepte zu Praktiken, wie die flüssige Arznei unter Zusatz von Kräutern heilend oder vorbeugend zu verwenden sei – wobei es sich bei den Kräutern nicht nur um bloße Auszüge gehandelt haben muss. Oft wurden Kräuter und Weintrauben zusammen vergoren. Den alten Schriften zufolge sollen die Kräuter in Weißwein ihre Wirkstoffe besser als in Rotwein freisetzen.

Das Geheimnis des »Lebenswassers« gelüftet

Wein wurde sehr einfach hergestellt: Man ließ Tonkrüge mit gesüßtem Traubensaft einfach offen stehen. Die Hefepilze gelangten über die Luft in die Flüssigkeit, die zu gären anfing.

Die Heilkundigen priesen allerdings auch die heilende und vorbeugende Wirkung des »gebrannten« Weines, den es seinerzeit nur in Apotheken zu kaufen gab. Im 12. Jahrhundert war es in Europa gelungen, Wein in größerem Stil zu destillieren und so eine hochprozentige Flüssigkeit zu erzeugen. Bis dahin konnte man alkoholische Getränke wie Wein und Bier lediglich durch recht einfache Gärungsprozesse gewinnen.

Es gab zwar schon in vorchristlicher Zeit primitive Destillationsgefäße. Das Geheimnis der Destillation hatten vermutlich die Chinesen um 1000 v. Chr. entdeckt, die eine Art Reisschnaps fabrizierten. Die alten Babylonier und Ägypter konnten immerhin schon Kräuterauszüge destillieren. Die Gelehrten des Altertums wussten wohl, dass es einen brennbaren Stoff im Wein gibt. Die Destillation von Wein hatten sie noch nicht entdeckt, zumindest gibt es keine alten Schriften, die das erkennen lassen.

Als im 11. Jahrhundert die Destillationskunst über die medizinische Schule von Salerno nach Europa kam, verwendete man im arabisch geprägten Süditalien den Trinkalkohol zunächst ausschließlich zu medizinischen Zwecken.

Das Privileg der Schnapsbrennerei war den Gelehrten, Mönchen und Ärzten vorbehalten. Daran änderte sich auch nicht viel, als der fränkische Apotheker Hieronymus Burkhard im Jahre 1353

die »Anleitung« zur Fabrikation des »Lebenswassers« von einem Feldzug aus Italien mit nach Deutschland brachte. Man wollte sicherstellen, dass der gebrannte Wein nicht zum Genussmittel verkam, sondern eine Arznei blieb. Schließlich war die hochprozentige Flüssigkeit gut gegen alle Schmerzen, gegen tränende Augen, schlechten Atem, Wassersucht, eiternde und entzündete Wunden, Bisse giftiger Tiere und unheilbare Krankheiten. Nicht zu vergessen die vorbeugenden Qualitäten, die man dem Lebenswasser zuschrieb. Manche Ärzte rieten ihren Patienten sogar, sich gelegentlich einen Vollrausch anzutrinken, um gegen Krankheiten gerüstet zu sein.
Besonders während der großen Pestepidemien um 1347 bis 1352 war Alkohol eine Art Heilmittel fürs Volk. Neben Wein war besonders Hochprozentiges als gemütsaufhellendes und schmerzstillendes Mittel gefragt, auch wenn es gegen die Pest selbst nichts ausrichten konnte.

In den Klostergärten des Mittelalters wurden Heilpflanzen gezüchtet, die als Basis für allerlei heilsame Mixturen dienten.

Wer hat eigentlich den Likör erfunden?

Wer seinerzeit auf die Idee gekommen war, hochprozentigen Alkohol mit Pflanzenauszügen, Honig oder Fruchtsäften anzureichern, und wann das zum erstenmal geschah, ist nicht bekannt. Es heißt, dass Apotheker und christliche Mönche auf diese Weise den Kranken ihre abscheulich schmeckende Medizin versüßen wollten.

Bereits im 15. Jahrhundert soll es ein likörartiges Getränk namens »Hippokras« gegeben haben: eine Mischung aus süditalienischem Wein, Zucker, Zimt und anderen Gewürzen.

Hinter den Klostermauern hatte man über viele Jahrhunderte einen enormen Wissensschatz über die heilenden Kräfte der Natur zusammengetragen. Die Ordensleute kannten viele Kräuter, hatten gute medizinische Kenntnisse – und verstanden sich bestens auf die Kunst des Brauens und Destillierens. Aus Alkohol, Kräutern und Früchten stellten Nonnen und Mönche allerlei heilsame Mixturen her. Eine der schmackhaftesten entstand nach der Zugabe von Honig: der Likör (das Wort stammt von dem lateinischen Wort für Flüssigkeit).

Die Rezepturen der »geistreichen« Arzneien blieben lange ein wohl gehütetes Geheimnis der frommen Alchimisten. Der Konsum war bis ins 15. Jahrhundert nicht allzu groß. Hochprozentiger Alkohol war für die Allgemeinheit einfach zu teuer und zumeist nur als Medizin in Gebrauch.

Leibarzt fabriziert den ersten Kartoffelschnaps

Im 16. Jahrhundert jedoch begann eine neue Ära. Aus den flüssigen Arzneimitteln wurden ganz alltägliche Getränke, denn inzwischen war es gelungen, Branntwein aus heimischem Getreide herzustellen. Als 1669 der kurfürstliche Leibarzt und Chemiker Bacher in Mainz herausfand, wie sich aus den stärkehaltigen Kartoffeln Schnaps in rauen Mengen fabrizieren lässt, war das Monopol der Apotheker endgültig gebrochen, Ob Wein, Likör oder »Spiritus«, wie der Branntwein auch hieß, er wurde nunmehr reichlichst als Genussmittel konsumiert. Und damit nicht genug: Leibeigene und Tagelöhner wurden teilweise mit Alkohol entlohnt oder erhielten die Erlaubnis, ihren »Sprit« selbst herzustellen.

»Teufelszeug« oder Gesundheitselixier?

Obrigkeit und Geistlichkeit versuchten angesichts der verbreiteten und zunehmenden Trunksucht in der Bevölkerung, den Alkoholverbrauch zu begrenzen. Es gab Vereine und Appelle von hochrangigen Vertretern des Adels und der Kirche, die zur Mäßigung aufriefen.
Man drohte sogar mit drakonischen Strafen, wie beispielsweise in Frankreich, wo Betrunkene ausgepeitscht und Wiederholungstätern die Ohren abgeschnitten werden sollten. Doch selbst diese abschreckenden Vorschriften hielten die Bürger nicht davon ab, sich weiterhin das einzuverleiben, was ihre Kirchenoberen als »Teufelszeug« verdammten.
Dazu kam, dass ihnen von anderer Seite neben dem Genuss auch die gesundheitlichen Vorzüge des Getränks gepriesen wurden, wie etwa von Friedrich Hoffmann (1660–1742), dem Erfinder der bekannten »Hoffmannstropfen« und Leibarzt der preußischen Könige Friedrich I. und Friedrich-Wilhelm I.: »Die oberste unter allen stärkenden Sachen behält billig ein subtiler, kräftiger, geistreicher und herzhafter Wein, als der Rheinwein und der davon gemachte Spiritus ist. Wein ist die vornehmste Herzstärkung« lautete die Botschaft des Pharmakologen und Professors für Allgemeinmedizin.

Hoffmannstropfen bestehen zu einem Teil aus Äther und zu drei Teilen aus Alkohol.

Wein für Leib und Seele – auf Rezept

Der vergorene Rebensaft stand bei den Medizinern zeitweise so hoch im Kurs, dass sie ihn in den Spitälern zur »Weintherapie« einsetzten. Bis Ende des 19. Jahrhunderts bekamen Kranke ihn mancherorts gleich literweise zugeteilt, »zur Lab und Stärkung an Leib und Seele«, wie es hieß. Dass es medizinische Weine wie in der Pfalz auf Rezept gab, das in jeder Apotheke eingelöst werden konnte, war kein Einzelfall. Aus Franken kam der Begriff »Frankenwein, Krankenwein«. Alkohol war überdies zur Narkose und Desinfektion in der Wundbehandlung das gängige Mittel.

Maßloser Konsum mit verheerenden Folgen

Doch nach wie vor gab es Warnungen vor der missbräuchlichen Verwendung des Alkohols, denn die Bevölkerung becherte den hochprozentigen Branntwein wie zuvor Bier und Wein. Während sich wohlhabendere Bürger mit den besseren Sorten versorgten, berauschten und betäubten sich die weniger Betuchten meist mit billigem Kartoffel- und Getreideschnaps oder selbstgebranntem Fusel – oft mit verheerenden Folgen für die eigene Gesundheit. Angesichts der starken Gegenbewegung von Politikern, Geistlichen und Bürgern, die eine »soziale und gesundheitliche Verwahrlosung ganzer Schichten« sahen, wurden Schanklizenzen eingezogen und die Produktion von Branntwein gedrosselt.

In den Vereinigten Staaten von Amerika versuchte man das Problem 1919 durch ein generelles Alkoholverbot (Prohibition) zu lösen – mit dem Ergebnis, dass der Schwarzmarkt blühte und das organisierte Verbrechen ungeahnte Ausmaße annahm. 1933 wurde die Prohibition wieder aufgehoben.

Gefühle des Wohlbehagens

Ein Glas Rotwein am Tag kann dem Risiko einer Arteriosklerose entgegenwirken.

Heute ist Alkohol ein selbstverständliches Element unserer Alltagskultur und als solches ein beliebter Bestandteil vieler Getränke. Der Genuss von Alkohol wird als angenehm empfunden, da er Gefühle des Wohlbehagens auslöst, entspannend und entkrampfend wirkt. Sogar in medizinischen Einrichtungen gibt es mittlerweile wieder Wein für die Kranken – wenn auch nicht auf Krankenschein. In Großbritannien, im walisischen Swindon etwa servieren Krankenschwestern ihren Herzinfarkt-Patienten auf der Station zwei Gläser Rotwein am Tag.

Hierzulande sind hausgemachte Heilweine, -schnäpse und -liköre mehr denn je gefragt als beruhigende, belebende oder kräftigende »Medizin«. Aus gutem Grund, denn ältere wie neuere Studien belegen, was unsere Vorfahren längst beobachtet hatten: dass Alkohol – in Maßen konsumiert! – dem körperlichen und seelischen Wohlbefinden überaus dienlich ist.

Alkohol – was ist das eigentlich?

Da wir unsere Gesundheitselixiere für den Hausgebrauch nicht von A bis Z selbst herstellen, sondern sorgfältig ausgesuchte Heilkräuter, Gewürze oder Früchte mit fertigem Wein, Schnaps oder »Weingeist« ansetzen, ist es wichtig zu wissen, wie dieser »geistreiche« Stoff beschaffen ist.

Was wir umgangssprachlich als »Alkohol« oder »Weingeist« bezeichnen, ist eine klare, farblose Flüssigkeit, die wie ein Dutzend weiterer Sorten zur Gruppe der Alkohole gehört. Doch nur einer ist für den menschlichen Genuss geeignet: der Äthylalkohol. Er wird auch Äthanol (Ethanol) genannt, Chemiker bezeichnen ihn mit der Formel C_2H_5OH. Äthylalkohol entsteht durch das Vergären zuckerhaltiger Stoffe. Bei günstiger Temperatur verwandelt sich die zuckerhaltige Flüssigkeit unter dem Einfluss von Hefepilzen in ein berauschendes Getränk. Ab einer bestimmten Alkoholkonzentration kommt die Gärung von allein zum Stillstand.

Genau genommen sind alle pflanzlichen Bestandteile geeignet, um nach der Gärung Trinkalkohol herauszuziehen. Das gelingt sogar bei Naturprodukten, in denen sich der Zucker erst durch einen Umwandlungsprozess aus der Stärke bilden muss, etwa bei Kartoffeln, Mais oder Getreide. Sogar aus Holz kann Alkohol gewonnen werden.

Das Wort »Alkohol« stammt aus dem Arabischen und bedeutet so viel wie etwas »Feines«; gemeint war damit ein Stoff, den man seinerzeit für Augen-Make-up verwendete.

Bei der Gärung entsteht neben Alkohol eine Reihe anderer Stoffe wie Aldehyde, Säuren, ätherische Öle und höhere Alkohole, so genannte »Fuselöle«.

Destillieren – eine komplizierte Angelegenheit

Bei der Destillation, dem »Brennen«, wird eine alkoholhaltige Flüssigkeit wie Wein oder die vergorene Fruchtmasse in großen Spezialgefäßen erhitzt. Da Alkohol mit 78 °C einen niedrigeren Siedepunkt als Wasser mit 100 °C hat, verdampft bei der Destillation zunächst mehr Wasser als Alkohol. Die sich bildenden Dämpfe werden aufgefangen und verflüssigen sich bei der Abkühlung wieder. Dieser Vorgang wird so oft wiederholt, bis die gewünschte Alkoholkonzentration erreicht ist. Während des überaus komplizierten Vorgangs des »Abbrennens« und »Ent-

Weinbrand, Cognac, Brandy und Metaxa werden aus Traubenwein gebrannt.

geisterns« wird der Äthylalkohol von seinen unerwünschten Begleitern getrennt, und andere Nebenprodukte wie »Fuselöle« werden sorgfältig herausgefischt. Übrig bleibt das Destillat mit den charakteristischen Aromen. Es hängt ganz von den verwendeten Rohstoffen - beispielsweise Korn, Kartoffeln oder Obst - ab, welche Art von alkoholischem Getränk aus dem Destillat gewonnen wird. Der Sammelbegriff für diese hochprozentigen Getränke ist Spirituosen. Da Bier und Wein nicht destilliert werden, gehören sie nicht dazu.

Weingeist, Spiritus oder Branntwein – ein und dasselbe?

Der gewerbsmäßig hergestellte Alkohol wird staatlicherseits einer speziellen Behandlung unterzogen, die eine gleichbleibende Qualität garantieren soll. Dieser »reine Alkohol« besteht zu rund 96 Volumenprozent aus Alkohol, der Rest ist Wasser. Hundertprozentiger Alkohol wird nur im Labor erzeugt und dort verwendet.

Was versteht man unter »reinem Alkohol«?

Was Sie in Drogerien und Apotheken unter dem Namen »Reiner Alkohol«, »Trinkbranntwein« »Spiritus« (nicht zu verwechseln mit dem Brennspiritus) oder »Weingeist« bekommen, ist nichts anderes als der staatlich geprüfte »Monopolsprit«. Leute vom Fach nennen ihn »Primasprit«.

Ein besonders fein filtrierter Alkohol ist der »Fein-Sprit«. Auch dieser »reine Alkohol« besteht nur zu 96 Prozent aus Alkohol, der Rest ist Wasser. Er wird übrigens staatlich subventioniert. Der Preis, den wir für Primasprit zahlen (ein halber Liter kostet in der Apotheke rund 13 Euro) ist mittlerweile niedriger als der hohe Selbstkostenpreis, zu dem die Monopolverwaltung den Alkohol. Einst sollte das Monopol den Staatssäckel füllen, heute hat sich das ins Gegenteil verkehrt.

Spirituosen – eine große, feurige Familie

- Aus gebranntem Traubenwein wird das einst als »aqua vitae« geschätzte Lebenswasser, besser bekannt als der deutsche »Weinbrand«, der französische »Cognac« oder der spanische »Brandy«. Auch der griechische Metaxa und der russische Grusiniak gehören in die Riege der »Weinbrände«.
- Aus dem Saft von Früchten, die durch die natürlich vorhandenen Hefen werden, wird ein Obstwasser. Bekannt ist das Schwarzwälder Kirschwasser oder Zwetschgenwasser wie der jugoslawische Slibowitz.
- Früchte, die man nicht vergärt, sondern mit Trinkalkohol ansetzt und anschließend brennt, kommen als »Obstgeister« aus der Destillation, so etwa der Himbeergeist.
- Aus Saft und Melasse des Zuckerrohrs entsteht der echte Rum.
- Eine mit Palmsäften versetzte Maische aus Reis ergibt den Arrak.
- Aus den gepressten Rückständen der Wein- und Obstkeltereien wird Tresterschnaps wie Grappa oder auch Franzbranntwein destilliert.
- Getreide wie Roggen, Weizen, Buchweizen, Hafer, Gerste oder Mais liefern den Grundstoff für den Kornbranntwein, kurz Korn genannt. Whisky, Gin und Genever sind ebenfalls Kornbrände.
- Wodka kann zwar auch aus Korn wie Roggen oder Weizen gebrannt sein, als Klassiker gilt aber der russische Wodka aus Kartoffelsprit.

Der italienische Grappa zählt zu den berühmtesten Tresterschnäpsen.

Süß und aromatisch: typisch Likör

Liköre sind nach amtlicher Definition Spirituosen, denen Zucker und aromatische Stoffe, Pflanzen- und Fruchtauszüge (oder Destillate), Fruchtsäfte oder ätherische Öl zugesetzt wurden. Der Zucker darf zum Teil sogar durch Stärkesirup ersetzt werden. Der Extraktgehalt muss mindestens 10 Gramm, in der Regel aber 22 Gramm pro 100 Milliliter betragen.

Es gibt drei Hauptarten von Likören:

- **Destillat-Liköre**
- **Aufgesetzte Liköre (»Mazerationsliköre«)**
- **Emulsions-Liköre**

Die aufwändigste Methode ist die Destillation, da man hierfür Apparaturen braucht, die nicht nur den Alkohol, sondern auch die leicht flüchtigen Aromastoffe und die ätherischen Öle durch Erhitzen aus der Ausgangsmischung herauslösen. Damit ein Likör den typisch süßen Geschmack bekommt, setzt man ihm nach dem Destillieren Zucker in Form von Sirup zu.

Was geschieht beim »Auslaugen«?

Mazeration ist die einfachste und gebräuchlichste Methode – und geradezu ideal, um einen Heillikör selbst herzustellen. Bei der Mazerationsmethode wird das Süßungsmittel je nach Rezept entweder gleich mit den anderen Zutaten und dem Alkohol gemischt oder erst nach dem Abfiltern des »Ansatzes« zugesetzt.

Mazeration heißt so viel wie Auslaugen. Das geschieht mit Hilfe von Wein, einem Branntwein oder dem »Weingeist« (»Monopolalkohol«, »Primasprit«) aus der Apotheke. Und es ist eine ganz einfache Angelegenheit, wie Sie auch auf Seite 51 sehen können: Sie übergießen frische oder getrocknete Kräuter oder auch reife Früchte mit dem geeigneten Alkohol und lassen das Ganze bei Zimmertemperatur einige Zeit stehen, damit die wirksamen Inhaltsstoffe in den Alkohol übergehen.

Einen Emulsionslikör können Sie leicht daran erkennen, dass er undurchsichtig und meist recht dickflüssig ist. Solche Liköre werden durch Vermischen (Emulgieren) von Alkohol und fetthaltigen Zutaten wie Sahne, Eier oder Schokolade hergestellt.

Schokoladen- und Eierlikör sind bekannte Emulsionsliköre.

Wie viel Alkohol steckt eigentlich im Alkohol?

Der Alkoholgehalt in den geistvollen Getränken, die es im Handel gibt, darf von Amts wegen 55 Prozent nicht überschreiten. Ausgenommen sind Obstbranntweine, Original-Rum, Original-Arrak, Kräuter- und Bitterliköre. Branntweine müssen es auf mindestens 32 Volumenprozent bringen. Das gilt auch für Liköre, sofern sie einen Extraktgehalt von weniger als 22 Gramm auf 100 dl Flüssigkeit haben. Andernfalls reichen 30 Volumenprozent aus.

Alkoholgehalt verschiedener Getränke

Starkbier	5,5	bis	6,0 Prozent
Vollbier	3,3	bis	4,5 Prozent
Sekt	12,0	bis	16,0 Prozent
Rotwein	11,5	bis	13,0 Prozent
Weißwein	10,5	bis	11,8 Prozent
Korn		bis	32,0 Prozent

Weinbrand	32,0	bis	38,0 Prozent
Likör	16,0	bis	38,0 Prozent
Obstler	38,0	bis	48,0 Prozent
Whisky	42,0	bis	48,0 Prozent
Rum	44,0	bis	60,0 Prozent
Arrak	44,0	bis	60,0 Prozent

Guter Alkohol – schlechter Alkohol

Nehmen Sie als Basis für Ihre Heilweine, -schnäpse und -liköre nur solche Produkte, von denen Sie sicher sein können, dass es sich um legal hergestellte Erzeugnisse handelt. Das hat einen einfachen Grund: Alkohol schadet unserer Gesundheit nicht nur, wenn er im Übermaß getrunken wird. Auch der Genuss von »schlechtem Alkohol« kann verheerende Wirkung haben. Bei unsachgemäßer Herstellung, wie das bei selbst gebrannten Schnäpsen leicht der Fall sein kann, können schädliche Substanzen in dem Destillat zurückbleiben: Zum Beispiel Methylalkohol (»Methanol«), der sich bereits beim Gären entwickelt. Er ist ein äußerst heimtückisches Gift, da er im Geruch und Geschmack dem Trinkalkohol ähnelt. Sein Genuss ist jedoch hochgefährlich, denn die Folgen können unheilbare Erblindung, Krämpfe bis hin zum Tod sein. Dieser im Volksmund als »Holzgeist« gefürchtete Alkohol entsteht bei der Herstellung von Obstmosten, die natürlicherweise einen hohen Pektingehalt haben. Riskant ist es beispielsweise, wenn die holzigen Stiele bei Weintrauben oder anderen Obstsorten mitvergoren werden. Bei Wein mit niedrigem Alkoholgehalt fällt das nicht so sehr ins Gewicht. Gefährlich wird es jedoch bei hochprozentigen Spirituosen.

Bei unsachgemäßer Herstellung können schädliche Substanzen wie beispielsweise Methylalkohol im Destillat zurückbleiben, dessen Genuss sehr gefährlich ist.

So mag es heute niemanden wundern, warum es seit Jahrhunderten gesetzlich verboten ist, selbst gemachte Obstweine ohne staatliche Genehmigung in eigener Regie zu destillieren. Es

besteht die große Gefahr, dass es den Schwarzbrennern mit ihren einfachen Vorrichtungen nicht gelingt, die gesundheitsschädlichen Substanzen restlos »abzutrennen«.
In den letzten Jahren hat sich noch ein anderer Stoff als problematisch erwiesen, das Ethylkarbamat. In Obstbranntweinen waren hohe Rückstände nachgewiesen worden. Ethylkarbamat steht im Verdacht, Krebs auszulösen und das Erbgut zu schädigen. Experten vermuten, dass der hohe Gehalt im Obstler durch das Zertrümmern der Steine entsteht, wie das bei der traditionellen Zubereitung von Kirsch-, Zwetschgen- und Mirabellenwasser üblich war. Einige Hersteller haben die Produktionsverfahren daraufhin umgestellt und entfernen Ethylkarbamat durch eine zweite Destillation.

Was Alkohol sonst noch so alles kann

Äthylalkohol ist ein hervorragendes Lösungsmittel, das für die Herstellung von Pflanzenheilmitteln (Phytopharmaka) und von homöopathischen Mitteln verwendet wird.

Alkohol steckt in vielen Naturarzneien, denn er ist im Allgemeinen ein besseres Lösungsmittel für frische und getrocknete Pflanzen als Wasser. Mit einer Mischung aus beiden in unterschiedlichen Anteilen versuchen Pharmazeuten diejenigen Inhaltsstoffe aus der Pflanze zu ziehen, die auf das jeweilige Lösungsmittel am besten ansprechen. Mit Alkohol lassen sich die fetthaltigen (lipophilen) Wirkstoffe aus der Pflanze locken, mit Wasser die wasserlöslichen (hydrophilen).
Alkohol löst nicht nur viele Stoffe aus den Pflanzen, er verbessert die Aufnahmefähigkeit der Schleimhaut und ist eine wichtige Trägersubstanz, die Wirkstoffe in unserem Organismus transportiert. Gleichzeitig konserviert und stabilisiert er die Wirkstoffe auf natürliche Weise. Das ist sein großes Plus gegenüber chemisch-synthetischen Konservierungs- oder Lösungsmitteln, die Allergien oder andere unangenehme Begleiterscheinungen auslösen können.
Außerdem wirkt Alkohol desinfizierend und verhindert die Fäulnisbildung. Alkohol wirkt vor allem gegen Bakterien, und das

recht schnell. Daher wird er besonders zur Desinfektion der Hände verwendet. Er ist aber auch als Erste-Hilfe-Mittel nützlich, um Krankheitserreger auf frischen Wunden abzutöten, etwa bei Bissverletzungen. Selbst die Tollwut übertragenden Viren lassen sich mit hochprozentigem Alkohol bekämpfen, sofern sie frühzeitig damit in Kontakt kommen.

Verschiedene Industriezweige verwenden Alkohole in der Verarbeitung von Chemikalien, Fetten, Harzen oder Farbstoffen. Auch in der Kosmetik steckt Alkohol: in Cremes, Haar- und Rasierwässern sowie in Parfüms.

Die für den menschlichen Genuss nicht geeigneten Alkohole wie der Methylalkohol dienen vor allem als Lösungsmittel für Farben und als Reinigungsmittel in der chemisch-pharmazeutischen Industrie.

Parfüms werden meist auf der Basis von Alkohol hergestellt.

Wie Pflanzen in Alkohol unsere Lebensgeister wecken

Jeder Heilwein, -schnaps oder -likör, den Sie selbst ansetzen, ist eine einmalige Komposition. Jede Pflanze, die Sie dafür verwenden, ist eine kleine chemische Fabrik, die ganz spezielle Substanzen erzeugt. Aus den Wurzeln, Blüten, Blättern, Früchten oder Samen zieht der Alkohol eine Fülle an pharmakologisch wirksamen Stoffen, die er konserviert und stabilisiert – sodass sie für den Körper des Menschen besser verwertbar sind. Der Wein selbst steuert obendrein noch eine Menge wertvoller Substanzen bei. Die gesundheitsfördernden Effekte sind ganz gewiss beachtlich – immer vorausgesetzt, Sie konsumieren die alkoholische Mixtur in Maßen, ganz im Sinne von Paracelsus: »Alle Dinge sind Gifte, und nichts ohne Gift. Allein die Dosis macht, dass ein Ding kein Gift ist.«

Mit einem Arsenal voller Aktivstoffe aus der Natur

Zu den wirksamen Pflanzenstoffen gehören zum einen die altbekannten Vitamine, Mineralstoffe und Spurenelemente, die Stoffwechselvorgänge steuern und als Bestandteil von Enzymen am Aufbau von Zellen, an der Bildung von Hormonen und bei der Energiegewinnung mitwirken.

Zum anderen sind das jene biologisch aktiven Stoffe, die Fachleute als sekundäre Pflanzenstoffe bezeichnen. Sie heißen deshalb so, weil sie keine »primären«, also lebenswichtigen Hauptbestandteile der Pflanzen sind, sondern »nur« Farb-, Geschmacks- und Duftstoffe.

Diese »zweitrangigen« Stoffe kommen in unterschiedlichster Zusammenstellung in der Natur vor. Mit ihnen locken die Pflanzen nicht nur Insekten an, die die Bestäubung besorgen, sondern sie schützen sich damit auch vor Fressfeinden, Bakterien, Viren und Pilzen oder vor den schädlichen Auswirkungen der UV-Strahlen.

Im Gegensatz zu den »primären« Pflanzenstoffen wie Kohlenhydraten, Fetten und Eiweißen haben sekundäre Pflanzenstoffe pharmakologische Wirkungen.

Obwohl sie eigentlich der Pflanze dienen, kommen die bioaktiven Stoffe auch unserem Organismus zugute. Manche von ihnen wirken pharmakologisch wie Arzneimittel. Sie nehmen es unter anderem mit gesundheitsschädlichen Bakterien, Pilzen oder anderen Krankheitserregern auf, stärken die körpereigenen Abwehrkräfte, senken den Blutfettspiegel, hemmen die vorzeitige Blutgerinnung, fördern die Entgiftung und verhindern oder blockieren das Wachstum von Krebszellen.

Neben den sekundären Pflanzenstoffen zählen auch die Vitamine E und C, das Betakarotin sowie das Spurenelement Selen zu den Antioxidanzien. Sie verhindern die schädlichen Auswirkungen von Sauerstoffradikalen auf die Zellen unseres Körpers.

Antioxidanzien fangen freie Radikale ein

Die positiven Effekte der sekundären Pflanzenstoffe sind unter anderem damit zu erklären, dass sie imstande sind, »freie Radikale« im Gewebe abzufangen und unschädlich zu machen. Die sauerstoffhaltigen, äußerst reaktionsfreudigen Moleküle entstehen im Körper durch Schadstoffe (zum Beispiel aus dem Zigarettenrauch) und durch bestimmte Stoffwechselvorgänge. Die aggressiven Stoffe greifen ungeschützte Körperzellen an und können die Erbsubstanz schädigen. Die Zelle geht daraufhin zugrunde oder verwandelt sich in eine Krebszelle und schädigt den gesamten Organismus.

Den freien Radikalen wird eine Reihe von Krankheiten angelastet. An der Zuckerkrankheit (Diabetes mellitus), frühzeitiger Erblindung, Krebs und bestimmten Autoimmunkrankheiten sollen sie ebenso beteiligt sein wie am vorzeitigen Altern und an der Arteriosklerose. Antioxidanzien wie die Polyphenole im Wein können diese Prozesse verzögern oder völlig unterbinden. Da sie wasser- und fettlöslich sind, können sie sowohl das Zellinnere als auch die Zellmembran vor Oxidationen schützen.

Es gehören übrigens auch einige starke Gifte zur Familie der sekundären Pflanzenstoffe, etwa Morphin aus dem Schlafmohn, Atropin aus der Tollkirsche oder Strychnin aus der Brechnuss – allesamt Stoffe, die Pharmazeuten durchaus zu schätzen wissen. Sie verarbeiten die Gifte in wissenschaftlich abgesicherten Mengen in Arzneimitteln.

Wozu pflanzliche Arzneistoffe fähig sind

In den Kräutern, Früchten und Beeren, die Sie in den Rezepten für Heilweine, -schnäpse und -liköre auf Seite 57 ff. finden, steckt ein ganzes Arsenal pflanzlicher Arzneistoffe. Dazu gehören:

Ätherische Öle wie in Pfefferminze, Thymian oder Kamille. Sie wirken keimtötend, krampf- und schleimlösend, fördern den Appetit, stimulieren unter anderem den Magen-Darm-Trakt, unterstützen die Verdauung, regen die Nierentätigkeit und die Harnausscheidung an..

Bitterstoffe wie in Enzian, Mariendistel oder Löwenzahn wirken auf die Blutgefäße und auf die Muskulatur, steigern die Produktion von Speichel und Magensaft und helfen schwere Speisen besser zu verdauen.

Gerbstoffe wie in Hagebutte oder Heidelbeere wirken zusammenziehend, verbessern die Wundheilung, lindern Entzündungen und Durchfall und verringern die Infektionsgefahr, indem sie die Widerstandskraft der äußeren Körperhülle gegen Krankheitserreger stärken.

Flavonoide haben die unterschiedlichsten chemischen und physikalischen Eigenschaften. Es sind meist gelbe, rote oder blaue Farbstoffe, die in vielen Heilpflanzen mit gelborange farbigen Anteilen vorkommen. Sie wirken auf das Herz, die Kapillar- und die Nierengefäße und machen Viren, Bakterien und Pilzen das Leben schwer.

Schleimstoffe wie in Eibisch, Malve und Spitzwegerich sind hilfreich bei Reizhusten und Entzündungen im Verdauungstrakt, weil sie die Schleimhäute mit einem schützenden Film überziehen. Sie haben obendrein herzstärkende und herzkranzgefäßerweiternde Effekte, wirken krampflösend und schützen die Leber.

Saponine wie in Ginseng, Holunder und Süßholz sind Bitterstoffe, die in Wasser wie Seife schäumen. Sie wirken schleimlösend, auswurffördernd und entzündungshemmend. Ob sie auch entwässernde Effekte haben, wird zwar vermutet, ist aber (noch) nicht erwiesen.

Die Schleimstoffe des Eibischs *(Althaea officinalis)* helfen bei Reizhusten und entzündlichen Magen-Darm-Erkrankungen.

Erstklassig: Sekundäre Pflanzenstoffe im Wein

Der Wein selbst hat ebenfalls unzählige Inhaltsstoffe zu bieten. Abgesehen vom Wasser (bis zu 90 Prozent) sind Alkohol, Zucker und Säure mengenmäßig am stärksten vertreten, gefolgt von den für die Gesundheit so wertvollen Mineralien und Spurenelementen wie Kalium, Kalzium, Magnesium, Eisen, Kupfer und Mangan. Sogar von der Askorbinsäure (Vitamin C) und den Vitaminen des B-Komplexes (Thiamin $=B_1$, Riboflavin $= B_2$, Pantothensäure $= B_5$ und Pyridoxin B_6) steuert er einen kleinen Anteil bei.

Zu den wichtigsten gesundheitsfördernden Substanzen im Wein zählen nach heutiger Kenntnis zweifellos die Polyphenole, organische Verbindungen, zu denen auch die Gerbstoffe und Farbstoffe (Flavonoide) gehören. Wie alle sekundären Pflanzenstoffe kommen sie darin zwar nur in winzigsten Mengen vor, trotzdem leisten sie erstklassige Arbeit: Sie ziehen gegen Krankheitserreger zu Felde und bekämpfen Entzündungen. Die bakterientötende Wirkung von Wein, die sich bereits unsere Vorfahren zunutze gemacht haben, erweist sich als guter Schutz vor Magen-Darm-Entzündungen. Amerikanische Forscher fanden unlängst heraus, dass Weißwein Bakterien wie Salmonellen und Escherichia coli besser vernichtet als purer Alkohol. Ulmer Wissenschaftler konnten den Magenkeim *Helicobacter pylori* mit Wein erfolgreich in die Flucht schlagen. Das gelang ihnen mit einer Alkoholmenge von 75 Gramm pro Woche. Das Infektionsrisiko soll mit dieser Therapie gegenüber Abstinenzlern auf ein Drittel sinken.

Haut, Kerne und Stiele von Weintrauben enthalten Polyphenole, Zuckerverbindungen der Gerbsäure, die den Cholesterinspiegel positiv beeinflussen und Sauerstoffradikale abfangen.

Denkbar ist, dass sich die Säuren, der Alkohol und die Polyphenole im Wein gemeinsam gegen die Bakterien stark machen. Sekundäre Pflanzenstoffe im Wein wirken ebenso »oxidationshemmend« wie die aus den zugesetzten Kräutern oder Früchten. Sie verhindern quasi im Doppelpack schädigende Sauerstoffreaktionen im Organismus und fangen die Freien Radikale ein. Dies führt unter anderem dazu, dass im Blut mehr »gutes« HDL-Cholesterin zirkuliert und das »schlechte« LDL-Cholesterin weniger leicht verhärtet und die Gefäße verstopft. Die Gefäßwände bleiben dehnbar und elastisch.

Sekundäre Pflanzenstoffe sind wichtig für die Gesundheit, denn sie …

- schützen vor Krebs
- wehren Krankheitserreger ab
- lassen Infektionen schneller abklingen
- unterstützen die Immunabwehr
- machen freie Radikale unschädlich
- senken die Blutfettwerte
- regulieren den Blutzuckerspiegel
- beeinflussen den Blutdruck
- wirken einer Thrombose entgegen
- verhindern die Bildung von Blutgerinnseln
- verflüssigen das Blut
- fördern die Verdauung

Sekundäre Pflanzenstoffe schützen das Herz-Kreislauf-System vor Arteriosklerose und damit vor Herzinfarkt und Schlaganfall.

Wer hat mehr zu bieten: Rot- oder Weißwein?

Wie viel und welche Polyphenole wir mit dem Heilwein aufnehmen, hängt letztlich von der Weintraubensorte und der Art und Weise ab, wie die Früchte vergären. Dabei spielt offenbar eine Rolle, ob und in welchen Holzfässern der Wein reift. Die zu den Phenolen zählenden Gerbstoffe, die Katechine, kommen nämlich in unterschiedlichen Mengen in dem Holz vor, aus dem die Fässer bestehen. Bei uns stammt es hauptsächlich von Eichen, in südlichen Ländern von Kastanien und Robinien. Während der Lagerzeit zieht der Wein nach und nach den einen oder anderen Stoff aus dem Holz.

Wein enthält erstaunlicherweise mehr von den gefäßerweiternden und gerinnungshemmenden Radikalenfängern als Obst, Gemüse und Säfte.

Englische Forscher haben unlängst eine Weinsorte ausgemacht, die besonders viel von den schützenden Stoffen enthält, die positiv auf die Gefäße wirken. Es ist ein dunkler, trockener Rotwein (»Cuvee Charles de Batz«), hergestellt aus Tannat-Trauben, angebaut in der südwestfranzösischen Region Gascogne. Wie die Kreislaufexperten herausfanden, blockieren die darin enthaltenen Polyphenole in unserem Körper die Produktion eines Hormons (Endothelin), das die Gefäße verengt.

Warum die Gärzeit eine Rolle spielt

Welche Substanzen in welcher Konzentration im Wein vorhanden sind, hängt von vielen Faktoren ab: Rebsorte, Jahrgang, Boden, Düngung, Spritzmittel, Klima und Produktionsweise.

Polyphenole sitzen nicht nur an vorderster Front unter der Schale, sondern auch in den Stielen und Kernen. Rotwein enthält mehr (500 bis 4000 mg/l).von diesen Stoffen als Weißwein (150 bis 400mg/l). Fachleute haben dafür eine einleuchtende Erklärung: Bei der Rotweinbereitung gären die zerkleinerten Beeren tagelang, sodass die Polyphenole genug Zeit haben, in die Flüssigkeit zu wandern. In den traditionellen Weinbaugebieten betragen die Gärzeiten sogar bis zu drei Wochen. Beim Roséwein sind es dagegen nur einige Stunden – und beim Weißwein läuft der Pressvorgang noch schneller ab, sodass sich längst nicht alle Stoffe ins flüssige Milieu absetzen können.

Trotzdem müssen Sie auf Weißwein als Basis für Ihren Heilwein nicht verzichten. Es gleicht sich spätestens im Glas wieder aus: Nach Ansicht von Experten haben die eher spärlich vorhandenen Weißweinphenole (wie Tyrosol und Kaffeesäure) erstaunlicherweise eine höhere Wirksamkeit als die Phenole im Rotwein. Ob sie aber unsere Blutfette ebenso regulieren oder womöglich noch stärker beeinflussen, ist noch nicht erwiesen. Weinexperten von der Universität in Mainz, die den gesundheitlichen Effekten von deutschem Riesling und Spätburgunder auf der Spur sind, kommen nach klinischen und blutchemischen Untersuchungen zu dem erfreulichen Schluss, dass beide Weinarten das Risiko für einen koronare Herzkrankheit und damit für einen Herzinfarkt deutlich mindern.

Alkohol bringt die Pflanzenstoffe so richtig in Form

Ob Weiß oder Rot: Das Verblüffende ist, dass Wein ein sehr viel größeres Spektrum an Polyphenolen zu bieten hat als Obst- und Gemüsesäfte. Das mag wohl daran liegen, dass sich die Stoffe durch den Alkohol länger im Wein halten.

Obwohl bei zahlreichen Pflanzen einzelne Inhaltsstoffe pharmakologisch eingehend geprüft wurden, ist vieles auf dem Gebiet noch nicht bis ins Letzte erforscht. So ist auch längst nicht gesagt, dass die nachgewiesenen Effekte auf die ganze Pflanze mit Stumpf und Stiel oder auf die Heilweine, -schnäpse und -liköre übertragen werden können. Die Pflanze selbst ist der Rohstoff und nicht der Wirkstoff, sagen Pharmazeuten und Biologen. Die Pflanze wirkt durch die Summe aller ihrer Inhaltsstoffe, so wie sie die Natur gemischt hat, ergänzen die Naturheilkundler. So ziemlich alles, was man über die Heiltränke weiß, beruht auf den Erkenntnissen der modernen Erfahrungsmedizin. Denn es liegt in der Natur der Sache, dass es an wissenschaftlichen Untersuchungen und klinischen Studien mangelt, die sich mit dem Drum und Dran von alkoholhaltigen Hausmitteln befassen. Da bei den selbst gemachten Heilgetränken die Inhaltsstoffe von Mal zu Mal schwanken, es sich also nicht um standardisierte, austauschbare Produkte handelt, wäre solch eine Studie auch nur schwer auf die Beine zu stellen.

Alkohol bringt die freigesetzten Pflanzenstoffe in eine Form, in der sie unser Organismus leichter aufschließen (resorbieren) kann.

Ein Gläschen in Ehren – oder darf es etwas mehr sein?

Dass Pflanzenstoffe in Gesellschaft von Alkohol vom Körper besser aufgenommen werden, soll Sie aber nicht dazu verleiten, Ihre selbst zubereitete Medizin nach dem Motto »Viel hilft viel« nun in rauen Mengen zu schlucken. Der gesundheitliche Nutzen, den

Laut Weltgesundheitsorganisation (WHO) gelten bei Frauen etwa 20 Gramm, bei Männern 40 Gramm Alkohol pro Tag als unbedenklich.

Sie aus der flüssigen Arznei ziehen, hängt nämlich nicht allein von den Zutaten, sondern ganz entscheidend von der Dosis ab.

Alkohol in kleinen Mengen tut gut, denn er …

- baut Angst, Spannungen und Hemmungen ab
- verschafft ein Gefühl der Entspannung und des Selbstvertrauens
- erleichtert Kontakte und fördert die Geselligkeit
- verursacht im Körper ein Gefühl der Wärme
- wirkt dämpfend auf das zentrale Nervensystem
- regt die Blutzirkulation in den Herzkranzgefäßen an
- erweitert kleine Blutgefäße in der Haut
- reguliert die Blutfettwerte (hebt das »gute« HDL-Cholesterin und senkt das »böse« LDL-Cholesterin)
- wirkt einer Thrombose entgegen, indem er die Bildung von Blutgerinnseln verhindert und das Blut flüssig hält
- senkt (bei sehr niedrigem Konsum) bzw. normalisiert den Blutdruck
- reguliert den Blutzuckerspiegel
- steigert die Produktion der Magensäfte
- vernichtet schädliche Darmbakterien
- verbessert die Abwehrlage des Immunsystems
- hebt die Östrogenkonzentration
- begünstigt die Wasserausscheidung

Es macht natürlich von vornherein einen großen Unterschied, ob Sie einen Wein oder hochkarätige Spirituosen als Basis für Ihr Hausmittel wählen. Schnaps hat wegen der stärkeren Konzentration eine unvergleichlich höhere Wirkung als der vergorene Rebensaft.

Am günstigsten wirken sich beim Heilwein Mengen zwischen 250 und 500 ml pro Tag aus. Das entspricht ein bis zwei Gläsern Wein bei gesunden Frauen und zwei bis drei Gläsern Wein für

einen gesunden Mann. Zum Vergleich: Bei einem Wein mit 10 Volumenprozent hat ein Viertelliter 20 g Alkohol. Die Umrechnung ist einfach, man muss lediglich wissen, dass 1 ml Alkohol 0,8 Gramm wiegt: 1 l Wein mit 10 Volumenprozent enthält 100 ml reinen Alkohol – der (100 x 0,8) somit 80 Gramm wiegt. Ein Glas von diesem Wein enthält 0,2 l, also 16 g Alkohol.
Bei den Heilschnäpsen und -likören ist der Alkoholgehalt deutlich höher. Drei 20-ml-Gläschen Kognak enthalten beispielsweise rund 20 g reinen Alkohol, sodass hier nur kleine Portionen in Frage kommen. Mal sind es zwei bis drei Likörgläschen voll über den Tag verteilt, bei besonders kräftigen Tinkturen sind es nur einige Tropfen, je nach verwendeter Pflanze.

Es kommt auf den Alkoholgehalt an …

Im Kapitel »Gesunde Rezepturen zum Vorbeugen, Helfen und Heilen« ab Seite 56 finden zu jedem Rezept die passende Dosierung. Da die selbst zubereiteten alkoholischen Mixturen nur im Falle eines Falles, eben wie eine Arznei, »eingenommen« werden, ist die jeweilige Alkoholmenge so berechnet, dass sie vom Körper schnell wieder abgebaut wird und keine gesundheitlichen Nachteile zu befürchten sind.
Wenn Sie beispielsweise von einem Heilschnaps mit 40 Volumenprozent Alkohol 20 Tropfen einnehmen, dann entspricht das einer Alkoholmenge, die in einem 0,2 Literglas Apfelsaft oder einem Becher Kefir steckt!
Alkohol ist übrigens auch eine körpereigene Substanz, die natürlicherweise in unserem Organismus als Nebenprodukt des Stoffwechsels anfällt. Der natürliche Blutalkoholgehalt liegt bei etwa 0,03 Promille.

… und auf die persönlichen Umstände

Da jeder Einzelne anders reagiert, sind alle Angaben stets nur allgemeine Richtwerte. Wie und in welcher Menge Ihr hausgemachter Heilwein, -schnaps oder -likör dem Organismus zugute kommt, hängt von Ihren persönlichen Gegebenheiten ab. Es spielt eine Rolle, ob Sie jung oder alt, dick oder dünn, groß oder klein sind, ob Sie körperlich und seelisch von eher zarter oder robuster Natur sind, und ob Sie dem männlichen oder weiblichen Geschlecht angehören. Dabei gibt es einen kleinen, aber nicht unwesentlichen Unterschied: Frauen vertragen weniger Alkohol als Männer (siehe auch Seite 35).

Es kann sogar an der Abstammung liegen, wie der Körper mit dem Alkohol klar kommt. Für Asiaten, Araber und Indianer ist Alkohol stoffwechselbedingt oft alles andere als ein bekömmlicher Trunk. Schließlich fällt ins Gewicht, in welcher momentanen Verfassung Sie sind, ob Sie sich müde und erschöpft oder ausgeruht und entspannt fühlen. Und nicht zu vergessen: Zu welcher Gelegenheit Sie Ihre hausgemachte »Medizin« einnehmen: vor dem Essen, unmittelbar danach oder zwischen den Mahlzeiten.

Wie der Körper mit dem Alkohol klarkommt

Nach Genuss von Alkohol passieren etwa 90 Prozent die Blut-Hirn-Schranke. Alkohol greift im Gehirn in die Informationsübertragung der Nervenzellen ein, wodurch sich Bewegung, Denken und Fühlen verändern.

Alkohol wird zu einem gewissen Teil bereits im Magen durch einen dort vorhandenen Stoff namens »Alkoholdehydrogenase« abgebaut. Deshalb kann es in bestimmten Fällen durchaus sinnvoll sein, ein Elixier auf leeren Magen einzunehmen zum Beispiel, wenn die Inhaltsstoffe möglichst ungehindert den direkten Weg zum Wirkort einschlagen sollen:

Alkohol gelangt über die Schleimhaut des Verdauungstraktes ins Blut. Das beginnt schon im Mund und der Speiseröhre. Hier aktiviert Alkohol die Geschmacks -und Verdauungsdrüsen und regt so den Appetit an. Der Magen verarbeitet ebenfalls eine kleine Portion, etwa ein Viertel. Dabei kurbelt der Alkohol die Produktion von Magensaft an. Die Gallenblase schüttet vermehrt Gallensäuren aus, die Nahrungsfette verdaubar machen. Auch die Bauchspeicheldrüse erhöht ihre Produktion an Verdauungsenzymen. Der große Rest Alkohol gelangt recht schnell in den Dünndarm, dessen riesige Resorptionsfläche dann für eine vollständige Aufnahme sorgt. Über die Blutbahnen wird der Alkohol schließlich in alle Organe des Körpers befördert, auch in das Gehirn.

Etwa 30 bis 60 Minuten nach der Einnahme erreicht der Alkoholspiegel im Blut seine höchste Konzentration. Bis zu zehn Prozent des Alkohols werden über Atemluft, Schweiß und Urin ausgeschieden, während die Leber den Löwenanteil bewältigt. Zwischen 60 und 90 Minuten braucht der Körper, abhängig von individuellen Faktoren, um ein Glas Schnaps oder ein mittelgroßes Glas Wein abzubauen, wobei die Leber des Mannes pro Stunde rund 8 g Alkohol (Äthylalkohol) abbaut, bei Frauen sind es etwa 15 Prozent weniger.

Warum Frauen weniger vertragen

Frauen vertragen weniger Alkohol als Männer. Sie bekommen daher schneller einen Rausch. Das ist keine Mähr, sondern eine biologische Tatsache. Wenn Frauen gleichviel Alkohol trinken wie Männer, sind ihre Blutalkoholwerte – bezogen auf das Körpergewicht – um ein Fünftel höher. Für dieses Phänomen gibt es mehrere Erklärungen: Bei Frauen ist naturgemäß der Anteil an Fettgewebe größer. Das wirkt wie ein Depot, von dem aus der Alkohol über einen längeren Zeitraum ins Blut gelangt. Alkohol verteilt sich im Körperwasser, das beim Mann etwa 70 Prozent, bei der Frau 60 Prozent des Körpergewichts ausmacht. Bei Männern baut der Magen bereits bis zu zehn Prozent des Alkohols ab, bevor er aufgenommen werden kann.

Bei Frauen ist außerdem die Alkoholdehydrogenase, die den Alkohol im Magen zerlegt und abbaut, nicht so aktiv wie bei Männern. Außerdem sinkt der Alkoholspiegel beim Mann wegen der größeren Leberleistung pro Stunde um etwa 0,15 Promille, bei der Frau nur um schlappe 0,10 Promille.

Bei Frauen ist die Leistung der Leber und der Alkoholdehydrogenase geringer als bei Männern, sodass pro Stunde nur etwa 0,10 Promille Alkohol abgebaut werden (bei Männern ca. 0,15 Promille).

Frauen vertragen weniger Alkohol als Männer.

Machen Sie Ihr Hausmittel nicht zum »Dauerbrenner«

Wer Heilweine & Co. als Hausmittel für den Dauergebrauch ansieht und sich täglich zwei, drei Gläser von davon einverleibt, vielleicht um besser einzuschlafen oder etwas für eine geregelte Verdauung zu tun, kann ganz unbemerkt in eine Abhängigkeit rutschen. Mit diesem Begriff bezeichnen Suchtexperten einen unheilvollen Zustand, bei dem die Betroffenen das starke Verlangen haben, den Drogeneffekt zu wiederholen. Das trifft keinesfalls nur auf die Schluckspechte zu, die gewohnheitsmäßig einen über den Durst trinken. Ebenso können gesundheitlich angeschlagene Menschen regelrecht süchtig nach ihrem alkoholischen Hausmittel sein, das sie quasi als »Dauerbrenner« einsetzen, etwa um Schmerzen zu dämpfen oder um ein Wohlgefühl zu erzeugen.

Fest steht: Wer zu oft und zu viel Alkohol konsumiert, geht ein hohes gesundheitliches Risiko ein. Zu viel Alkohol hemmt beispielsweise die Gerinnung des Blutes. Spontan auftretende Blutungen an einem geplatzten Äderchen im Gehirn kommen nicht zum Stillstand, und damit steigt das Risiko für Hirnschlag. Wie Mediziner vom Deutschen Herzzentrum in Berlin warnen, kann das Schicksal durchaus Gelegenheitszecher ereilen, wenn sie gewaltig einen über den Durst trinken.

Da Alkohol über das Blut im ganzen Körper verteilt wird, kommt es bei regelmäßig erhöhtem Konsum in praktisch allen Geweben zu Zellschädigungen. Zunächst ist der Leberstoffwechsel beeinträchtigt, was zu Leberschwellungen, Leberverfettungen bis hin zur Leberzirrhose führen kann. Es folgen weitere Schädigungen des Verdauungstraktes, wie Entzündungen der Bauchspeicheldrüse, des Darms und des Magens . Mediziner warnen: Das Risiko, an Mundhöhlen- und Kehlkopfkrebs zu erkranken, steigt bei unmäßigem Alkoholkonsum um das 16fache. Bei Frauen, die Alkohol schlechter abbauen können als Männer, fördert er den Brustkrebs.

Gravierend sind auch die Schädigungen des zentralen Nervensystems; betroffen sind vor allem Gehirnteile, die für unser Bewusstsein und viele Denkleistungen hauptverantwortlich sind. Die anregende, gelöste und stimmungssteigernde Wirkung, die mäßige Mengen Alkohol hervorrufen, schlagen bei mittleren und höheren Dosierungen schnell ins Gegenteil um.

Massiver Alkoholkonsum erhöht das Krebsrisiko. Wie Studien zeigen, gilt dies vor allem für Mund-, Rachen-, Speiseröhrenkrebs sowie bei Frauen für Brustkrebs. Außerdem schädigt zu viel Alkohol das Herz und die Leber und beeinflusst den Blutdruck negativ.

Wer alkoholhaltige Heilmittel vergessen sollte

Wer alkoholabhängig ist oder es werden könnte, sollte überhaupt keine alkoholhaltigen Nahrungsmittel konsumieren, also auch keine Heilweine, -schnäpse und -liköre. Außerdem sollten diejenigen jeglichen Kontakt mit Alkohol vermeiden, die in psychiatrischer Behandlung sind, vor allem, wenn sie einschlägige Präparate einnehmen müssen. Für hirnorganisch erkrankte Menschen und anfallsgefährdete Personen (Epileptiker) ist Alkohol ebenfalls tabu. Wer eine Magen-Darm-Erkrankung, eine geschädigte Leber oder zu hohen Blutdruck hat, sollte vorher unbedingt den Arzt befragen.

Der Alkoholgehalt von 30 Tropfen Heilpflanzentinktur entspricht dem einer Banane. Kinder sollten dennoch die hausgemachten Arzneien auf Schnapsbasis nur tropfenweise einnehmen.

Warum es für Kinder eine Ausnahme gibt

Keine Frage: Schwange und stillende Mütter sollten den Durst nicht mit alkoholischen Getränken löschen, denn der Alkohol gelangt ungehindert über die Plazenta zum Ungeborenen oder über die Muttermilch zum Baby. Dabei erreicht der Blutalkoholgehalt des Kindes dasselbe Niveau wie das der Mutter. Alkoholhaltige Getränke kommen ebenso wenig für Kinder und Heranwachsende in Frage. Ausgenommen: Der medizinische Gebrauch von Alkohol in kleiner Dosis, wie das bei Tinkturen und Tonika auf der Basis von Trinkalkohol der Fall ist. Hersteller von pflanzlichen Fertigarzneimitteln haben ausgerechnet, dass der Alkoholgehalt von 30 Tropfen Heilpflanzentinktur in etwa der Alkoholmenge entspricht, wie sie in 2 dl Traubensaft, 2 dl Süßmost oder 1 Banane enthalten ist, nämlich 0,4 Gramm.

Selbst alkoholfreies Bier oder mancher Fruchtsaft enthält mehr Alkohol als einige Tropfen Tinktur. Aufgrund dieser Werte sind alkoholhaltige Heilmittel selbst für Kinder unbedenklich. Der kindliche Organismus ist nach Erkenntnissen von Medizinern und Pharmakologen in der Lage, den versteckten, natürlichen Alkoholgehalt in der Nahrung ohne Schaden zu überstehen.

»Warnhinweise« gelten auch für Selbstgefertigtes

Denken Sie bitte daran: Wenn Sie Medikamente einnehmen, lesen Sie unbedingt die beigelegte Gebrauchsinformation. Dort steht, ob sich die Mittel mit alkoholischen Getränken vertragen, denn Alkohol kann die Wirkung verstärken oder hemmen, etwa bei manchen Schlaf- oder Beruhigungsmitteln. Alkohol beeinflusst zum Beispiel die Wirkung einiger Diabetes-Medikamente (wie Biguanid-Derivate oder Insuline), die den Blutzuckerspiegel senken sollen, mit der Folge, dass der Blutzuckerspiegel bedrohlich abfällt. Ein anderes Beispiel: Wer Azetylsalizylsäure nach dem Genuss von Alkohol einnimmt, riskiert eine Magenblutung. Ansonsten gilt auch hier: Fragen Sie Ihren Arzt oder Apotheker.

Alkohol am Steuer und am Arbeitsplatz.

Schon in geringen Mengen, zum Beispiel nach zwei Schnäpsen oder 1/8 bis 1/4 Liter Wein = 0,3 Promille, lässt die Reaktionsfähigkeit nach – und damit nimmt die Sicherheit im Straßenverkehr und am Arbeitsplatz (der Haushalt zählt genauso dazu) rapide ab. Mit steigendem Pegel treten Gleichgewichts- und Sprachstörungen auf, das Erinnerungsvermögen schwindet

(K)eine Nebenwirkung: Alkohol als »Dickmacher«

Wegen seiner hohen Energiedichte gilt Alkohol als Dickmacher. Immerhin liefert 1 g Alkohol 7,1 Kilokalorien (28,8 Kilojoule). Doch wie dänische Wissenschaftler nach einer langjährigen Studie jetzt bekannt gaben, betrifft das nur Bier- und Schnapstrinker. Weintrinker führen mit einem Viertelliter je nach Sorte dem Körper etwa 180 bis 220 Kilokalorien zu. Das muss sich aber nicht zwangsläufig auf die Körperrundungen auswirken. Ein moderater Weinkonsum, darin sind sich viele Mediziner einig, greift so in den Fettstoffwechsel ein, dass die Fettverbrennung effektiver abläuft. Die These vom »Dickmacher« Wein ist zwar noch nicht aus der Welt, doch in Dutzenden von Studien konnte ein Zusammenhang zwischen Alkoholkonsum und Körpergewicht nicht hergestellt werden.

Erst kürzlich konnten Freiburger Weinexperten in einer Studie beweisen, dass ein »kontrollierter Weißweingenuss die Gewichtsabnahme erleichtert«.

Da ein guter Tropfen oft mit einem guten Essen verbunden ist, könnte das eine Erklärung für die zusätzlichen Pölsterchen sein. Bei regelmäßigem Konsum von Schnaps oder Likör ist die schlanke Linie schon eher in Gefahr, denn so manches Schnäpschen ist eine wahre Kalorienbombe. Immerhin hat ein 20-ml-Gläschen Schnaps an die 60, cremige Likörvarianten bis zu 100 Kilokalorien. Ein schwergewichtiges Argument also, dass hier wie überall die Menge das Maß aller Dinge ist.

Heiltrank im Nu selber zubereiten – praktische Tipps und Tricks

Vorbei sind die Zeiten, als heilsame Geister wochen- oder monatelang darauf warten mussten, bis man sie endlich aus der Flasche ließ. Heute bereiten wir Heilweine, -schnäpse und -liköre im Handumdrehen selbst zu – und können uns somit schon nach einigen Stunden oder wenigen Tage etwas Gutes tun. Dazu benötigen Sie lediglich die ausgesuchten Kräuter oder Früchte – und einen fertigen Wein oder Schnaps. Das muss weder ein Spitzenwein à la »Château Lafite-Rothschild 1er Cru classé« (ein trockener Bordeaux) noch eine exotische Spirituose sein. Außerdem gehört klares Wasser dazu – und Zucker, falls es ein Likör werden soll. Für die Herstellung der flüssigen Medizin braucht es keine besonderen Utensilien; meist reicht schon aus, was wohl ohnehin jeder in der Küche hat.

Gut ausgerüstet – mit ein wenig Zubehör

Zunächst brauchen Sie nur einen Messbecher, einen Trichter und ein feinmaschiges Sieb, außerdem ein gut verschließbares Porzellan- oder Glasgefäß, um größere Frucht- oder Wurzelstücke einzufüllen. Glas hat gegenüber den anderen Materialien den Vorzug, dass Sie den Inhalt gut beäugen können. Mit einem scharfen Messer sind Sie gut gerüstet, um größere Pflanzenteile wie Wurzeln oder Blätter zu zerkleinern.

Arbeitsgeräte, Flaschen und Gefäße und natürlich auch die Hände sollten blitzsauber sein, wenn sie mit den Zutaten für die Heilweine, -schnäpse und -liköre in Kontakt kommen.

Wenn Sie fortan häufiger zur Selbsthilfe greifen wollen, lohnt es sich vielleicht, eine kleine »Weinpresse« anzuschaffen. Damit können Sie Ihr geistiges Getränk bequem abfiltern: In einer durchlöcherten Kunststoffröhre steckt ein spezieller Stoffbeutel. Dort hinein kommt die Alkohol-Pflanzen-Mischung, aus der dann mit Hilfe einer Scheibe die Flüssigkeit von Hand herausgepresst wird. Noch einfacher geht das mit einer kleinen Haushalts-Saftpresse. Solch ein elektrisches Gerät ist eine fabelhafte Hilfe, um die Flüssigkeit aus dem Ansatz zu holen. So kommen Sie ohne Mullwindeln, grobe Leinentücher und handgefaltete Spezialfilter aus, die einst unsere Urgroßeltern benutzten, um die Pflanzentei-

le mühsam vom alkoholischen Gemisch zu trennen. Stattdessen geben Sie die das Ganze in den Entsafter, schalten ihn ein und fangen die mit hoher Geschwindigkeit herausgeschleuderte Flüssigkeit auf. Der Pressrückstand bleibt im Gerät.
Um kleine Mengen von der Flüssigkeit zu trennen, eignet sich sogar eine Press-Stempel-Kanne, wie sie für die Kaffeezubereitung verwendet wird. Nach dem Einfüllen der Mischung die Filterscheibe langsam herunterdrücken. Die Pflanzenteile bleiben beim Ausgießen zwischen dem Filtersieb und dem Boden der Kanne.

Auf das Material kommt es an

Verwenden Sie keine Behälter und Gerätschaften aus Kupfer, Eisen oder Aluminium, auch nicht aus glasierter Keramik oder Bleikristall. Die kräftigen Mixturen, allen voran die Säure im Wein oder in den Fruchtauszügen, nagen an den Materialien und setzen winzigste Spuren giftiger Substanzen frei.
Diese Gefahr besteht nicht bei Emaille oder Edelstahl (Chromargan), auch nicht bei Glas oder Porzellan. Eine dunkle Glasflasche mit Kork- oder Schraubverschluss ist ideal, um den fertigen Ansatz aufzubewahren.

Worauf Sie beim Kauf achten sollten

In der Apotheke erhalten Sie Kräuter in Arzneimittelqualität: Die Inhaltsstoffe wurden nicht nur auf ihre Reinheit und etwaige Giftrückstände, sondern auch auf ihren Wirkstoffgehalt überprüft.

Wer sich in der Pflanzenwelt gut auskennt, kann viele Zutaten für den Heiltrunk in der freien Natur oder im eigenen Garten ernten und selbst haltbar machen. Im Kapitel »Kräuter selbst sammeln, ernten und trocknen« (siehe Seite 54ff.) steht, worauf es dabei ankommt. Genauso gut können Sie die Zutaten kaufen: Die getrockneten Heilkräuter gibt's in der Apotheke oder im Kräuterladen, frische Pflänzchen und Küchenkräuter finden Sie auf dem Markt und oft auch im Supermarkt.
Achten Sie beim Kauf von frischen Kräutern und Früchten auf unverfälschte, naturbelassene Ware, die ohne Konservierungsmittel, Farbstoffe, Konditionierungsmittel und andere Zusatz-

stoffe »aufbereitet« wurde. Biologisch angebaute Pflanzen sind zwar nicht völlig frei von Schadstoffen, doch sie enthalten weniger Rückstände von Kunstdünger und Schädlingsbekämpfungsmitteln als Produkte aus konventionellem Anbau. Falls Sie keine frische Ware bekommen, ist tiefgekühlte eine praktische Lösung. Die Qualität von erntefrischen, industriell eingefrorenen Pflanzen ist ganz passabel.

Trockene oder frische Heilpflanzen verwenden?

Für die Qualität ist nicht die Pflanze allein, sondern auch das Anbaugebiet mit seinem Klima und seiner speziellen Bodenbeschaffenheit entscheidend. Wie viel von den wirksamen Inhaltsstoffen aber letztlich in dem Heilwein, -schnaps oder -likör vorhanden ist,

Frische und getrocknete Kräuter finden Sie auf jedem Wochenmarkt.

hängt nicht nur davon ab, welchen Teil der Pflanze Sie nutzen. Wurzeln, Blätter, Blüten oder Früchte enthalten nämlich unterschiedliche Wirkstoffe. Es kommt auch darauf an, ob Sie frisches oder getrocknetes Pflanzenmaterial verwenden. Heilkräuter büßen während der Trocknung einige Wirkstoffe wie etwa wertvolle ätherische Öle ein. Andererseits ist der Wirkstoffgehalt konzentrierter als in frischen Gewächsen. Wenn Sie die getrockneten Pflanzenteile in der Apotheke kaufen (dort heißen sie »Droge«), bekommen Sie eine Ware in geprüfter Arzneimittelqualität.

Heilpflanzen sind von Natur aus Vielstoffgemische, es wirkt stets die gesamte Komposition aus Haupt- und Begleitstoffen. Mit einer Kräutermischung ergänzen Sie die Wirkstoffe zu einem harmonischen Ganzen.

Frische Pflanzen geben womöglich mehr Stoffe in den Alkohol ab, als den Freunden geistiger Getränke lieb ist, denn mit den gesundheitsfördernden Substanzen gelangen auch Umweltschadstoffe in die Flüssigkeit. Manche Kräuterkundige nehmen daher frische und getrocknete Pflanzen für ein und denselben den Ansatz. Und sie vertrauen darauf, dass sich die Vor- und Nachteile im Großen und Ganzen ausgleichen.

Dass nur fein säuberlich vorbereitete Kräuter und Früchte für einen Heiltrank in Frage kommen, versteht sich von selbst. Gründliches Waschen und Schälen – soweit das bei den Pflanzen möglich ist – soll sie von schädlichen Rückständen befreien. Beeren und Früchte sollten ausgereift sein. Das erkennen Sie zum Beispiel an der kräftigen Fruchtfarbe.

Die richtige Mischung macht's

Etliche Heilkundler sind fest davon überzeugt, dass in einer Zubereitung nur jeweils eine einzige Pflanze, wie etwa Pfefferminze, Salbei oder Baldrian, den Ton angeben soll. Dies gilt vor allem, wenn ihre Inhaltsstoffe eine große »therapeutische Breite« haben und sie daher bei den unterschiedlichsten gesundheitlichen Beschwerden zum Zuge kommt. Außerdem lässt sich bei einer einzelnen Heilpflanze viel besser beobachten, ob und wie sie die ihr zugeschriebene Wirkung entfaltet.

Andererseits könnten Sie mit verschiedenen Kräutern eine Erkrankung gleich von mehreren Seiten angehen – sofern Sie nur solche Pflanzen miteinander kombinieren, bei denen sich die einzelnen Bestandteile in ihrer Wirkung ergänzen und verstärken anstatt sich gegenseitig auszuhebeln. Falls Sie solche sinnvollen Mischungen herstellen wollen und sich aber (noch) nicht auskennen, erkundigen Sie sich in der Apotheke, welche Kräuter im Einzelnen in Frage kommen. Die Pharmazeuten kennen eine Reihe bewährter »Drogenmischungen«, wie sie beispielsweise auch für Arzneitees bei nervöser Unruhe, Schlafstörungen oder Magen-Darm-Problemen verwendet werden.

Welcher Alkohol eignet sich für den Heiltrank?

Was die Auswahl der Alkoholika angeht, so ist das beim Heilwein eine einfache Angelegenheit: Greifen Sie zu einem möglichst neutral schmeckenden, ungeschwefelten Rot- oder Weißwein. Das allerdings lässt sich nicht am Etikett ablesen, hier heißt es also, im Zweifel den Winzer befragen.

Und beim Heilschnaps sind Sie mit einem »Klaren«, der einen Alkoholgehalt von mindestens 38 Prozent hat, allemal auf der sicheren Seite. Einen stärkeren Alkohol brauchen Sie für besonders wasserhaltige Zugaben wie frische Beeren. Deshalb nehmen Profis zunächst einen 96%igen »Weingeist«, um beispielsweise Beeren gründlich auszulaugen. Bei dieser hochprozentigen Zugabe ist trotz des großen Fruchtsaftanteils noch genügend Alkohol im Endprodukt. Wird solch ein Alkohol zur Herstellung pflanzlicher Extrakte verwendet, spricht man von »Tinkturen«. Sie werden in einem Verhältnis von 1 Teil Droge zu 5 oder 10 Teilen Alkohol hergestellt. Doch für den Hausgebrauch, ganz gleich ob es um frische oder getrocknete Heilpflanzen geht, kommen wir recht gut ohne den puren Alkohol (den »Weingeist«) aus. Stattdessen nehmen wir einen klaren Schnaps, wie Doppelkorn oder Wodka, für den Ansatz.

Ob Sie lieber Rot- oder Weißwein nehmen oder eher zu hochprozentigeren »Lösungsmitteln« greifen, ist auch ein wenig Geschmackssache.

Nehmen Sie keinesfalls Industriealkohol, Brennspiritus oder Alkohol zum Einreiben (Isopropylalkohol) für die Herstellung Ihrer Heiltränke. Diese Alkohole sind extrem giftig!

Oder Sie probieren die Sorten aus, die den überlieferten Rezepten zufolge ebenfalls kombinationstauglich sind. Danach eignet sich:

- 70%iger Branntwein für Magenbitter und Liköre
- 40%iger Weinbrand (Cognac, Brandy, Metaxa u.a.) für Beeren und Früchte
- 40%iger Kornbranntwein (Korn, Whisky, Genever, Gin u.a.) für Tinkturen, Frucht-, Beeren- und Kräuterliköre
- 38- bis 50%iger Obstschnaps für Heilschnäpse und Heilliköre aus Früchten und Beeren

Grundsätzlich aber gilt, dass in erster Linie die Zugaben für den Geschmack sorgen sollten. Das schließt aber nicht aus, dass Sie die Wein- oder Schnapssorte nach Ihren persönlichen Vorlieben wählen, denn der Wohlgeschmack soll bei der hausgemachten Arznei keinesfalls hintanstehen.

Wählen Sie für Ihren Ansatz einen ungeschwefelten Weiß- oder Rotwein oder einen Klaren, dann liegen Sie fast immer richtig.

Klares Wasser für den Weingeist

Wasser brauchen Sie zum Verdünnen, falls Sie »Weingeist« aus der Apotheke verwenden. Um diesen hochprozentigen Alkohol trinkbar zu machen, wäre reines Quellwasser ohne Kohlensäure natürlich ideal, aber ungechlortes Wasser aus der Leitung tut es auch. Selbst wenn die Mixtur dadurch etwas trüb wird, leidet weder die Wirkung noch der Geschmack darunter. Sollte das Wasser in Ihrer Gegend zu stark gechlort sein, kochen Sie es besser ab oder bringen Sie den puren Alkohol mit destilliertem Wasser auf Trinkstärke.

Zucker – im Likör einfach unentbehrlich

Bei Fruchtsaftlikören muss der Zucker im warmen Saft gelöst werden. Es ist auch bei den übrigen Likören besser, den Haushaltszucker vorher mit Wasser oder Fruchtsaft kräftig zu verrühren, denn die Zuckerkristalle lösen sich in kalter Flüssigkeit nicht so gut auf.

Die Zuckerlösung können Sie in Feinkostgeschäften kaufen oder kurzerhand selbst fabrizieren:

- Verrühren Sie einen halben Liter kaltes Wasser mit einem Pfund Zucker und bringen Sie die Mischung unter Rühren zum Kochen. Falls sich dabei Schaum bilden sollte, heben Sie ihn vorsichtig ab.
- Geben Sie noch einen Spritzer Zitronensaft in die Zuckerlösung. Der bewirkt, dass der Rüben- oder Rohrzucker in eine Mischung aus Trauben- und Fruchtzucker aufgespalten wird, die nicht wieder auskristallisiert.
- Die Zuckerlösung ist fertig, sobald sie klar wie Wasser ist.
- Sobald die Zuckerlösung abgekühlt ist, können Sie sie nach Rezept mit den übrigen Zutaten und dem Alkohol mischen. Oder Sie warten damit, bis der fertig gefilterte Likör in die Flaschen gefüllt wird. So lässt es sich geschmacklich besser komponieren.

Der weiße Haushaltszucker (Saccharose) ist ein Rohr- oder Rübenzucker und besteht zu gleichen Teilen aus Fruchtzucker und Traubenzucker.

Kandiszucker gibt es in verschiedenen Sorten, beliebt als Süßungsmittel sind der braune und der weiße.

Anstelle von weißem Kristallzucker werden oft andere »Süßmittel« zugegeben:

Kandiszucker entsteht durch langsame Kristallisation aus reinen Zuckerlösungen. Seine braune Farbe bekommt der Kandis durch die Karamellisationsprodukte, die sich beim Erhitzen des Zuckers bilden. Als Süßungsmittel für selbstgemachte Liköre ist der weiße wie der braune Kandiszucker beliebt.

Melasse ist ein natürlicher Zuckerersatz. Sie ist wie der braune Rohrzucker nichts anderes als ein Nebenprodukt, das bei der herkömmlichen industriellen Zuckerherstellung aus Rüben- und Rohrzucker anfällt. Melasse enthält etwas Eisen, Kalium und Kalzium. Es ist aber nicht bekannt, wie gut diese Mineralien vom Körper aufgenommen werden. Die braune Melasse wird übrigens gerne von der Industrie genommen, um weißen Zucker nachträglich zu färben – eine im doppelten Sinn »raffinierte« Angelegenheit.

Honig gilt als wertvollere Zuckeralternative wegen seines Mineralstoff- und Vitamingehalts. Dem Bienenfutter selbst werden traditionell enorme Heilkräfte zugeschrieben. Da liegt es nahe, solch süßes Naturheilmittel für Heilweine, -schnäpse und -liköre zu verwenden. Seit allerdings bekannt ist, dass Rückstände von Pflanzenschutzmitteln oder Antibiotika gegen Bienenkrankheiten im Honig vorhanden sein können, ist dieses natürliche Süßmittel für manch einen nicht mehr die allererste Wahl.

Die einen oder anderen möchten vielleicht anstelle von raffiniertem Haushaltszucker lieber pure Fruktose, Glukose oder irgendeinen anderer Zucker verwenden. Abgesehen davon, dass diese Zuckerarten wesentlich teurer und geschmacklich etwas intensiver sind – gesundheitlich haben sie keinen besonderen Wert, wenn sie erst einmal von ihrem ursprünglichen Lebensmittel getrennt worden sind. Fruktose kommt im Obst vor, zusammen mit vielen anderen Stoffen, die allesamt an der Aufschlüsselung im menschlichen Organismus mitwirken. Mit der Saccharose aus dem Zuckerrohr verhält es sich nicht anders. Ohne die unzähligen wertvollen Begleiter aus der Pflanze selbst ist »süß« die einzige nennenswerte Eigenschaft dieses Zuckers.

Dass Zucker ein Vitaminräuber ist, wie früher vielfach behauptet, hat die moderne Wissenschaft inzwischen widerlegt. Zucker braucht zwar bestimmte Vitamine, um vom menschlichen Organismus aufgenommen und verwertet zu werden. Sobald das erledigt ist, werden die Vitamine aber wieder freigesetzt, stehen dem Körper also wieder zur Verfügung. Kurz gesagt: Zucker braucht die Vitamine, aber er verbraucht sie nicht. »In der wissenschaftlichen Literatur gibt es keine Hinweise, dass der Zuckerverzehr die Bioverfügbarkeit von Mikronährstoffen beeinträchtigt«, erklärt Professor Peter Stehle vom Universitätsinstitut für Ernährungswissenschaften in Bonn.

Das ist auch gut so, denn um den Zucker kommen wir so oder so nicht herum. Ohne ihn gelingt kaum ein Likör. Es geht dabei nicht allein um die Süßkraft, mit der er den herben Geschmack mancher Kräuter kaschiert. Der Zucker sorgt dafür, dass einige zarten Früchtchen im Alkohol so in Form bleiben, dass sie genügend Inhaltsstoffe freigeben.

Klappt ohne Waage: die richtige Menge bemessen

Als Faustregel für die »Einlage« gilt bei Heilweinen, -schnäpsen und -likören: Eine Tasse (= 150 ml, das entspricht etwa 30 g) voll trockener oder zwei Tassen voll frischer Kräuter werden mit einem Liter alkoholhaltiger Flüssigkeit angesetzt.

Da Wurzeln, Blätter, Früchte oder Samen naturgemäß recht unterschiedlich ins Gewicht fallen, kann es je nach Volumen der Pflanzenteile mal mehr, mal weniger sein. Das macht aber nichts, denn die Mengen müssen Sie für den Hausgebrauch nicht aufs Milligramm genau bemessen. Sie brauchen dazu weder eine präzise Apotheker- noch eine Küchenwaage.

Es ist bei den überlieferten Rezepten durchaus üblich, mit einfachen und überschaubaren Maßeinheiten zu jonglieren. Unsere Vorfahren verwendeten oft so ungenaue Angaben wie »eine Hand voll« Kräuter. Bei den neuzeitlichen »Übersetzungen« sind kleine Abweichungen unumgänglich. Probieren geht über Studieren, zumal die meisten Angaben ohnehin auf Erfahrungswerten beruhen. Selbst bei Pflanzen mit genau bekannten und pharmakologisch geprüften Inhaltsstoffen fehlt es zumeist an Untersuchungen, die sich mit dem speziellen Heiltrank als Hausmittel befassen. Das erklärt auch, warum in den von Generation zu Generation weitergegebenen Rezepten oftmals unterschiedlichste Mengenangaben für ein und dieselbe Pflanzenzubereitung stehen.

Kosten Sie selbst

Es spricht also nichts dagegen, wenn Sie bei den pflanzlichen Zutaten großzügig verfahren und die Mengen auf Ihren eigenen Geschmack abstimmen. Natürlich sollten Sie bei aller Kreativität immer den gesundheitlichen Nutzen vor Augen haben, den Sie mit Ihren selbst hergestellten Heilmitteln erzielen wollen. Achten Sie beim Experimentieren deshalb darauf, dass Sie es mit dem Zucker- und Alkoholgehalt nicht übertreiben.

So gelingt das selbstgemachte Elixier

Zum Ansetzen von Früchten sind große, weithalsige Flaschen oder Gläser mit Schraubverschluss praktisch.

Die eigentliche Zubereitung ist denkbar einfach, besonders nach dieser Augenmaß-Methode, bei der Sie sich nach der Größe des Gefäßes richten können: Füllen Sie ein Glas – oder einen Weinkrug mit einem Zapfhahn – zu zwei Drittel mit frischen Kräutern, Beeren oder Früchten. Bei getrocknetem Pflanzenmaterial reicht ein Drittel. Gießen Sie so viel Rot- oder Weißwein dazu, bis der Behälter randvoll ist. Die Zutaten müssen gut mit Wein bedeckt sein. Rühren Sie die Mischung häufig um.

Eine andere Möglichkeit ist, die Pflanzenteile und den Wein

zunächst in einen gut verschließbaren Behälter (zum Beispiel in ein Schraubglas) zu füllen und den Ansatz häufig zu schwenken oder das Glas ab und zu kurz auf den Kopf zu stellen, damit sich die Flüssigkeit gut darin verteilt.
Nach der Reifezeit wird der Ansatz erst einmal abgefiltert. Das hat gegenüber dem nachfüllbaren Fässchen den Vorteil, dass keine Pflanzenpartikel in dem Getränk schwimmen. Füllen Sie den Heilwein in eine dunkle Flasche, die Sie stehend lagern. So setzen sich die Stoffe am Boden ab, die den Wein sonst eintrüben.

Flaschen müssen luftdicht verschlossen sein, damit sich der Alkohol nicht so schnell verflüchtigt. Gefäße mit Korkverschluss sollten stehend gelagert werden, damit die Mixtur den Korken nicht angreift.

Verwandeln Sie den Heilschnaps in einen Heillikör

Einen Heilschnaps herzustellen ist ebenfalls kein Hexenwerk. Praktisch und überschaubar ist es, wenn Sie die zerkleinerten Zutaten (Kraut, Blätter, Rinde oder Wurzeln) in eine weithalsige Glasflasche geben. Gießen Sie die alkoholische Flüssigkeit darüber. Diese kann aus purem Schnaps oder mit Wasser verdünntem »Weingeist« bestehen. In einen Heillikör verwandeln Sie das Ganze, indem Sie jetzt oder gleich nach dem Filtrieren die Zuckerlösung oder den Honig darunter mischen. Sie können den flüssigen Zucker kaufen oder wie auf Seite 47 beschrieben mit ein wenig Wasser erhitzen und verrühren, bis er sirupartig geworden ist. Den Zucker direkt in den Ansatz zu geben ist zwar praktisch, doch lässt sich so nicht genau bestimmen, welchen Geschmack das fertige Produkt haben wird. Fällt das Ergebnis zu süß aus, kann das nur noch durch Verdünnen des Getränks ausgeglichen werden. Deshalb ist es oft besser, den einen oder anderen Heillikörganz zum Schluss zu süßen, bevor Sie ihn trinken.
Für die Zuckermenge gibt es keine allgemeingültige Vorgabe, denn sie richtet sich nach der Art der »Einlage« und Ihrem eigenen Geschmack. Bei recht sauren Früchten wie Schlehen kann sogar die gleiche Menge Zucker notwendig sein. Wichtig zu wissen ist: Der Zucker erhöht die Gesamtmenge der Mischung und setzt so den Alkoholgehalt etwas herab.

Wochenlanges »Ziehenlassen«: Nein danke!

Neueren Analysen zufolge müssen frische und empfindliche »Drogen« nur wenige Stunden in Alkohol liegen, um die wirksamen Inhaltsstoffe aus den Pflanzenteilen zu ziehen (mazerieren). Zubereitungen mit getrockneten Zutaten brauchen meist eine gute Woche (7 bis 10 Tage), bis sie so weit aufgequollen sind, dass sie alle arzneilich wichtigen Substanzen an die alkoholische Flüssigkeit abgeben.

Das nach alter Machart übliche wochenlange »Ziehenlassen« der hausgemachten Weine und Schnäpse ist längst überholt. Bei den Gesundheitselixieren bringt es nach Ansicht moderner Heilkundler jedenfalls keinen zusätzlichen Gewinn. Heute ist man sicher: Was nach etlichen Stunden oder Tagen an wirksamen Stoffen nicht herausgelöst ist, ist auch nach vielen Wochen nicht freigesetzt. Im Gegenteil. Je länger die wertvollen Pflanzenstoffe in der Flüssigkeit gehalten werden, umso mehr lassen ihre Kräfte nach.

Wärme und Bewegung fördern den »Stoffwechsel«

Lassen Sie den Ansatz bei Zimmertemperatur reifen (Vorsicht vor UV-Licht!) und schwenken Sie das Gefäß so oft wie möglich, um den Stoffaustausch zu fördern.

Wichtig ist, dass der Ansatz bei Zimmertemperatur reifen kann. Ein Platz an der Sonne ist besonders für »Einlagen« in einem Glasgefäß nicht ideal. Das UV-Licht lässt manche zarten Pflänzchen verblassen oder unansehnlich braun werden.

Mit einem warmen Standort (Temperatur um die 20 °C) schaffen Sie bereits beste Bedingungen für die alkoholische Lösung, um reichlich Substanzen aufzunehmen. Ganz wichtig für den Stoffaustausch ist, dass Sie den Ansatz häufig bewegen. Schwenken Sie das Gefäß so oft wie möglich oder – falls Sie ein Weinfässchen verwenden – rühren Sie die »Einlage« mehrmals täglich um.

Danach filtern Sie die Flüssigkeit ab, zum Beispiel durch ein feines Nylonsieb. Oder Sie nehmen dazu, wie auf Seite 41 erwähnt, eine elektrische Saftpresse oder die (Kaffee-)Press-Stempel-Kanne. Wenn Sie nichts dergleichen zur Hand haben, ein grobes

Tuch über einen Topf gespannt tut's natürlich auch. Getrocknete Kräuter sind oft so fein, dass Sie das fertige Elixier öfter abfiltern müssen.

Für ganz Eilige: der Teebeutel-Trick

Um sich ohne großen Aufwand einen schmackhaften Heiltrunk aus verschiedenen Kräutern herzustellen, gibt's einen einfachen Weg: Speisen Sie einen wasserverdünnten »Weingeist« mit fertigen Teemischungen in Portionsbeuteln ab. Einfach drei oder vier Teebeutel in einem Liter Flüssigkeit ein paar Stunden ziehen lassen, herausfischen, fertig ist das Kräuterelixier. Das klappt übrigens genauso gut mit Wein oder Schnaps.

Einen Teebeutel in verdünnten Alkohol geben – fertig ist das Kräuterelixier!

Zum alsbaldigen Verbrauch bestimmt

Alle Heilweine, -schnäpse und -liköre sind nach dem Abfiltern sofort gebrauchsfertig. Sie müssen also nicht, wochen- oder monatelang »reifen«. Früher machte man sich wenig Sorgen, wenn ein Heiltrank mal nicht so schnell verbraucht wurde. Gut verschlossen, so war die allgemeine Ansicht, könne man von einem Heiltrank monatelang etwas haben. Und beim »Auffrischen« müsse man nur darauf achten, dass die Zutaten in der Mischung immer mit Wein bedeckt sind, damit sich kein Schimmel darauf bildet. Diese Nachfüllmethode hat jedoch einen Haken: Die bereits ausgelaugten Pflanzenteile geben nicht mehr allzu viel an wirksamen Stoffen her.

Die neue Empfehlung lautet daher: Stellen Sie die Heilweine, -schnäpse und -liköre nur nach aktuellem Bedarf her und füllen Sie sie in dunkle Flaschen, die Sie kühl lagern. Selbst gemachte Schnäpse und Liköre sind zwar je nach Alkoholgehalt gut einige Monate bis Jahre haltbar, das sagt jedoch nichts über die Qualität der »inneren Werte« aus. Ist die Flasche aber erst mal angebrochen, ist auch das Aroma bald verflogen. Es ist deshalb ratsam, die fertigen Heilweine & Co in kleine Flaschen abzufüllen und sie innerhalb eines Monats zu verbrauchen.

Wildpflanzen sollten Sie nur sammeln, wenn Sie sich gut auskennen. Manche Pflanzen sind leicht mit giftigen Arten zu verwechseln, beispielsweise ähneln die Blätter des Bärlauchs denen der Herbstzeitlose oder des Maiglöckchens.

Kräuter sammeln, ernten und trocknen

- Verwenden Sie nur Triebe, Blätter, Blüten und Früchte von Pflanzen, die Sie sicher kennen.
- Wählen Sie nur die schönsten Blüten und Blätter aus. Sie sollten nicht welk oder von Schädlingen befallen sein.
- Reißen Sie die Pflanzen nicht mit Stumpf und Stiel aus.
- Schneiden Sie die Pflanzenteile mit einem scharfen Messer nur so tief ab, dass genügend gesunde Blätter an den Trieben bleiben und die Pflanze neu austreiben kann.
- Sammeln Sie die Heilpflanzen möglichst bei schönem Wetter mit blauem Himmel. Der Frühling ist die beste Zeit, um Wildkräuter zu sammeln, die ein kräftiges Aroma entfalten.
- Meiden Sie Plätze am Wegrändern, Schutthalden oder viel befahrenen Autostraßen, ebenso frisch gedüngte Wiesen und Felder.
- Transportieren Sie die Pflanzen in einem Korb, damit sie nicht zu stark zerdrückt werden und »atmen« können.
- Schonen Sie die Natur: Pflücken Sie keine Pflanzen, die nur selten oder vereinzelt vorkommen. Unter Schutz gestellte Heilpflanzen dürfen nicht geerntet werden. Bauen Sie solche Arten, wenn möglich, selber an.

Blätter und Blüten sollten Sie am besten vormittags pflücken, wenn die Pflanzen gerade trocken vom Tau sind. Der Samen dagegen sollte taufrisch sein, deshalb hat schon in aller Frühe seine Stunde geschlagen.

Tipps zum Aufbewahren der Pflanzen

Um möglichst viel von den wertvollen Inhaltsstoffen der Heilkräuter zu erhalten, gibt es eine einfache Methode: Frieren Sie die frischen Pflanzen sofort nach der Ernte ein. Waschen Sie die Stiele und Blätter vorher kurz ab. Danach gut abtrocknen und die Kräuter dann portionsweise bei –18 °C im Gefrierschrank lagern.

Das älteste Verfahren, Sammelgut haltbar zu machen, ist jedoch das Trocknen: Nehmen Sie dazu nur die allerbesten Stängel, Blätter, Blüten und Früchte. Je schneller die Kräuter trocknen, desto mehr Inhaltsstoffe bleiben erhalten. Zum Trocknen die Stiele bündeln und aufhängen – am besten in einem trockenen, luftigen Raum. Legen Sie einzelne Blätter und Blüten zum Trocknen auf ein Tuch. Sortieren Sie die getrockneten Kräuter aus und bewahren Sie sie unzerkleinert in luftdichten Behältern auf. Am besten geeignet sind Gefäße aus dunklem Glas, Keramik oder Blech. Als Lagerplatz empfiehlt sich ein dunkler, gut belüfteter Raum.

Wie schnell das in den Pflanzen enthaltene Wasser verdunstet, hängt von der Umgebungstemperatur und von der Beschaffenheit der Pflanze ab. Blüten brauchen beispielsweise im Sommer 3 bis 8 Tage, im Frühling und Herbst 8 bis 14 Tage, um zu trocknen. Fleischige Blätter und Wurzeln sind im Sommer meist innerhalb von zwei Wochen, im Frühling und Herbst aber oft erst nach drei Wochen trocken.

Und das ist wichtig: Zerkleinern Sie die Trockenkräuter erst kurz bevor Sie sie in die alkoholische Flüssigkeit geben. Zerstoßen oder zermalmen Sie die Pflanzenteile möglichst mit einem Mörser aus Porzellan oder Holz.

Je schneller die Kräuter trocknen, desto mehr wertvolle Inhaltsstoffe bleiben erhalten.

Gesunde Rezepturen zum Vorbeugen, Helfen und Heilen

44 Rezepte zum Selbermachen

Das Erfreuliche an den neuen, praxiserprobten Rezepten: Sie sind allesamt leicht in die Tat umzusetzen. Alles, was Sie dafür benötigen, bekommen Sie im Handel; viele pflanzliche »Drogen« gibt's im Kräuterladen oder in geprüfter Qualität in der Apotheke.

Bei der Auswahl der Rezepte haben wir zum einen darauf geachtet, dass es sich um solche Zubereitungen handelt, mit denen Sie häufige Alltagsbeschwerden beheben oder zumindest lindern können. Dazu zählen etwa Probleme mit Magen und Darm, wie Blähungen und Völlegefühl, oder auch Gallenwegsbeschwerden. Natürlich sind auch Kompositionen dabei, die bei Nervosität und Einschlafstörungen, bei Husten und Erkältungskrankheiten hilfreich sind. Zum anderen war es uns wichtig, dass es sich um Heilpflanzen handelt, deren Anwendung in klinischen Studien geprüft oder aus erfahrungsmedizinischer Sicht positiv bewertet wird.

Nehmen Sie kräftige Tinkturen nur tropfenweise ein, entweder indem Sie sie direkt auf die Zunge träufeln oder mit Wasser verdünnen.

Auch bei den in den Rezepten angegebenen Mengen stützen wir uns auf die Erfahrungen der modernen Naturheilkunde. Es sind Empfehlungen, die als reine Orientierungshilfe gedacht sind. Wie oft, wie viel und wie lange Sie Ihren selbst angesetzten Heilwein oder Heilschnaps einnehmen oder äußerlich anwenden sollen, lässt sich nicht individuell, sondern nur ganz allgemein beantworten. Eine für Ihre Zwecke bemessene Dosierung hängt, wie bereits erwähnt (siehe Seite 33), in erster Linie von Ihren persönlichen Gegebenheiten ab. Ob Sie gesundheitlich stark angeschlagen sind, wie gut Sie Alkohol vertragen, ob Sie akut erkrankt sind oder sich schon längere Zeit mit dem einen oder anderen gesundheitlichen Problem herumschlagen.

Und noch etwas ist wichtig: Alle diese Dosierungen beziehen sich auf erwachsene Anwender. Kindern sollten die alkoholhaltigen Hausmittel nur nach Rücksprache mit dem Arzt verabreicht werden. Ältere Menschen sollten die Menge um die Hälfte reduzieren.

Mengenangaben in den Rezepten:

1 Tasse	125 ml
1 Glas Wein	200 ml
1 Schnapsglas	20 ml

Geben Sie Ihrem Körper die Zeit, die er braucht

Obwohl die Wirkung einer heilkräftigen Pflanzenmedizin mitunter langsamer einsetzt, hält sie oft länger an, als das bei manchen Fertigarzneien der Fall ist. Nehmen Sie deshalb ein und denselben Heiltrank nicht länger als vier bis sechs Wochen ein. Legen Sie danach eine mehrwöchige Pause ein. Da nicht nur ein einzelner Wirkstoff, sondern eine Vielzahl von Inhaltsstoffen in die komplexen Steuerungsvorgänge des menschlichen Organismus eingreift, geben Sie damit dem Körper genügend Zeit, alle Heilinformationen aufzunehmen und zu verarbeiten.

Und denken Sie bitte daran, falls Sie Medikamente einnehmen müssen: Nicht nur der Alkohol selbst, sondern auch manche Arzneipflanzen können die Wirkung verschiedener Medikamente herabsetzen oder verstärken.

Heilweine, Heilschnäpse und Heilliköre sind im Nu ohne viel Aufwand zubereitet – und schon nach kurzer Zeit trinkfertig.

Angelikaschnaps

Angelika (Angelica archangelica) - Doldengewächse

Das Rezept

1 Tasse Angelikawurzeln, zerkleinert

2 EL Anissamen

1 l Doppelkorn oder Wodka

- Geben Sie die Wurzelstücke in ein gut verschließbares Gefäß.
- Fügen Sie den Schnaps hinzu.
- Stellen Sie die Mischung an einen warmen Platz und schütteln Sie sie möglichst mehrmals täglich.
- Filtern Sie die Flüssigkeit nach 8 Tagen in dunkle Flaschen ab.

Anwendung

Nehmen Sie dreimal täglich 3 Esslöffel Angelikaschnaps vor dem Essen ein.

Wichtige Inhaltsstoffe

Ätherische Öle, Bitterstoffe, Gerbstoffe, Harz, Stärke und Zucker.

Pluspunkte für die Gesundheit

Angelikawurzel ist verdauungsfördernd, appetitanregend und blähungstreibend. Der Schnaps soll Aufstoßen, Völlegefühl und Blähungen vorbeugen sowie leichte, krampfartige Magen-Darm-Beschwerden lindern. Der Angelikawurzel werden außerdem schleimlösende, harn- und schweißtreibende Eigenschaften zugeschrieben, daher nutzt sie die Volksmedizin auch bei Blasenentzündungen, als auswurfförderndes Mittel bei Husten und Bronchitis sowie bei Schlaflosigkeit.

Gut zu wissen

In der Angelikawurzel enthaltene Stoffe (die so genannten Furanokumarine) machen die Haut lichtempfindlicher. Solange Sie die Tinktur einnehmen, sollten Sie pralle Sonne meiden.
Mischen Sie Angelikawurzeln mit 2 Esslöffel Anissamen und einer Stange Zimt.

Anislikör

Anis (Pimpinella anisum) - Doldengewächse

Das Rezept

1 bis 2 Tassen getrocknete Anissamen

½ l Zuckerlösung

1 l Doppelkorn oder Wodka

- Zerstoßen Sie den Anissamen und geben Sie ihn in ein gut verschließbares Gefäß.
- Gießen Sie den flüssigen Zucker und den Schnaps dazu.
- Stellen Sie den Behälter an einen warmen Platz und schütteln Sie ihn häufig.
- Nach gut einer Woche können Sie die Flüssigkeit in dunkle Flaschen filtern.

Anwendung

Bei Verdauungsbeschwerden nehmen Sie nach dem Essen 1 Schnapsgläschen voll, bei allen anderen Beschwerden dreimal täglich 1 Esslöffel zwischen den Mahlzeiten.

Wichtige Inhaltsstoffe

Ätherische Öle (wie Anethol), fette Öle, Flavonoide, Schleimstoffe, Zucker.

Pluspunkte für die Gesundheit

Anis wirkt schleimlösend, blähungstreibend, entkrampfend. Der Anislikör ist allgemein anregend, hilfreich bei Migräne, Augenflimmern und Herzrasen sowie bei Erkrankungen der Atemwege wie Husten und Schnupfen. Er tut gut bei nervösen Verdauungsbeschwerden, besonders wenn diese mit Blähungen und leichten Krämpfen im Magen-Darm-Bereich einhergehen.

Gut zu wissen

Vorsicht beim »Ernten«! Anisfrüchte sind leicht mit den sehr giftigen Schierlingsfrüchten zu verwechseln.

Ein bewährter Heillikör bei starken Blähungen: Mischen Sie Anissamen zu gleichen Teilen mit Kümmel, Koriander und Fenchel. Eine Zimtstange ist ein Geschmacksverbesserer, der ebenfalls viele gesundheitliche Vorzüge hat (siehe Seite 104). Anis harmoniert als Geschmackszutat gut mit Angelikawurzel, Thymian, Pfefferminze, Fenchel, und Salbei, die ebenfalls viele ätherische Öle enthalten.

Arnikablütentinktur

Arnika (Arnica montana) – Korbblütler

Das Rezept

1 Tasse getrocknete Arnika-Blütenköpfe

1 l Doppelkorn oder Wodka

- Geben Sie die Arnikablüten in ein gut verschließbares Gefäß.
- Fügen Sie den Schnaps hinzu.
- Stellen Sie die Mischung an einen warmen Platz und schütteln Sie sie möglichst mehrmals täglich.
- Filtern Sie die Flüssigkeit nach 2 Tagen in dunkle Flaschen ab.

Anwendung

Zum Beispiel für Umschläge: Verdünnen Sie die Tinktur 3- bis 10-fach mit Wasser, tränken Sie ein Leintuch damit und legen Sie es auf die schmerzenden Hautpartien. Für Mundspülungen 10-fach verdünnen.

Wichtige Inhaltsstoffe

Ätherische Öle, Bitterstoffe, Flavonoide, Gerbstoffe, Zucker (Inulin).

Pluspunkte für die Gesundheit

Arnika ist entzündungshemmend und schmerzlindernd. Die Blütentinktur wird äußerlich angewendet bei Muskelschmerzen, Prellungen und Quetschungen, Verstauchungen, Verrenkungen und Knochenbrüchen; sie soll die Abheilung von Blutergüssen und Venenentzündungen beschleunigen.

Gut zu wissen

Die selbstgemachte Arnikatinktur ist nur für die äußerliche Anwendung gedacht! Sie darf nicht mit verletzter Haut in Kontakt kommen, da sie dort zu Reizungen führen kann. Die Pflanze selbst gehört zur Familie der Korbblütler, auf die empfindliche Menschen allergisch reagieren können.

Bei Herz- und Kreislaufproblemen ist die tropfenweise Einnahme der Arnikatinktur (maximal 20 Tropfen in etwas Wasser) durchaus zweckmäßig – sie sollte aber vorher mit dem Arzt abgestimmt werden.

Baldrianschnaps

Baldrian (Valeriana officinalis) - Baldriangewächse

Das Rezept

1 Tasse getrocknete Baldrianwurzeln

1 l Doppelkorn oder Wodka

- Schneiden Sie die Baldrianwurzel in feine Scheiben und geben Sie sie in ein gut verschließbares Gefäß.
- Fügen Sie den Schnaps hinzu.
- Stellen Sie die Mischung an einen warmen Platz und schütteln Sie sie möglichst mehrmals täglich.
- Filtern Sie die Flüssigkeit nach 8 bis 10 Tagen in dunkle Flaschen ab.

Anwendung

Nehmen Sie zwei- bis dreimal täglich 2 Esslöffel ein, bei Schlafstörungen eine halbe Stunde vor dem Zubettgehen 1 Schnapsglas voll, das zur Hälfte mit Wasser verdünnt ist.

Wichtige Inhaltsstoffe

Ätherische Öle, Alkaloide, Bitterstoffe, Gerbstoffe, Terpene, Säuren, Valepotriate.

Pluspunkte für die Gesundheit

Baldrianwurzel wirkt beruhigend, einschlaffördernd, krampflösend, blutdrucksenkend, blähungstreibend. Der Heilschnaps soll Spannungs- und Angstzustände sowie starke Erregbarkeit abbauen, nervös bedingte Einschlafstörungen, Migräne und rheumatische Schmerzen beseitigen, außerdem Krämpfe und Darmkoliken lindern.

Gut zu wissen

Probieren Sie bei schlechtem Schlaf eine Mischung aus Baldrianblüten, Hopfenzapfen und Melissenblättern zu gleichen Teilen.

Bärlauchwein

Bärlauch (Allium ursinum) - Lauchgewächse

Das Rezept

10 frische Bärlauchblätter

einige Bärlauchwurzeln

1 l Wein

- Schneiden Sie die frischen Bärlauchblätter und die -wurzeln in kleine Stücke.
- Geben Sie sie zusammen mit dem Wein in ein geeignetes Ansatzgefäß.
- Stellen Sie es an einen warmen Platz und schwenken Sie es häufig.
- Bereits nach 2 bis 3 Tagen können Sie den Wein in dunkle Flaschen filtern.

Anwendung

Nehmen Sie nach Bedarf 1 Schnapsglas voll zwischen den Mahlzeiten ein. Bei empfindlichem Magen trinken Sie den Bärlauchwein in kleinen Schlucken zum Essen.

Wichtige Inhaltsstoffe

Adenosin, ätherische Öle, Lauchöle.

Pluspunkte für die Gesundheit

Bärlauch wirkt blutdrucksenkend, keimtötend, schweißtreibend, regt die Verdauungsdrüsen an und ist krampflösend. Bärlauchwein eignet sich bei Herz- und Kreislaufbeschwerden, Bauchschmerzen, Blähungen, Nieren- und Blasenschwäche, Wurmbefall und auch bei Wassereinlagerungen im Gewebe.

Gut zu wissen

Bärlauch ist von den Fachleuten der Kommission E des damaligen Bundesgesundheitsamtes zwar nicht wie seine Verwandten Knoblauch und Zwiebel ausdrücklich als Heilmittel eingestuft worden, doch hat man inzwischen umfangreiche Erkenntnisse und Erfahrungen mit dem Lauchgewächs gesammelt, sodass einiges dafür spricht, die Pflanzenkräfte von Bärlauch ebenfalls vorbeugend und heilend einzusetzen.

Bärlauchwurzeln können Sie gut mit Schnaps ansetzen (Zubereitung siehe unter Baldrian, Seite 62). Von dem Bärlauchschnaps nehmen Sie dreimal täglich 1 Teelöffel zum Essen oder zwischen den Mahlzeiten ein.

Basilikumwein

Basilikum (Ocimum basilicum) – Lippenblütler

Das Rezept

1 Tasse getrocknete oder 2 Tassen frisch gezupfte Basilikumblätter

1 l Wein

- Schneiden Sie die Basilikumblätter in feine Streifen, und geben Sie sie mit dem Wein in ein geeignetes Ansatzgefäß.
- Stellen Sie es gut verschlossen an einen warmen Platz und schwenken Sie es häufig (oder rühren Sie die Mischung im Weinfässchen um).
- Filtern Sie die Flüssigkeit nach 2 Tagen in dunkle Flaschen ab.

Anwendung

Trinken Sie nach Bedarf zwei- bis dreimal täglich zwischen den Mahlzeiten 1 Schnapsglas Basilikumwein.

Wichtige Inhaltsstoffe

Ätherisches Öl (Estragol), Gerbstoffe, Saponin.

Pluspunkte für die Gesundheit

Basilikumkraut soll verdauungsfördernd, blähungswidrig, appetitanregend, harntreibend, antidepressiv und beruhigend wirken. Basilikumwein oder -schnaps wird daher in der Volksheilkunde gegen Verschleimung, Völlegefühl und Blähungen, Magenkrämpfe, Erbrechen, Verstopfung und Darmentzündung eingesetzt.

Gut zu wissen

Das aromareiche Gewürzkraut enthält ätherische Öle, welche die Blutfülle in den Sexualorganen steigern und die Menstruation fördern können.

Basilikumblätter können Sie auch mit Schnaps ansetzen. Nehmen Sie davon zwei- bis dreimal täglich 20 bis 30 Tropfen ein.

Beifußschnaps

Beifuß (Artemisia vulgaris) - Korbblütler

Das Rezept

1 Tasse getrocknetes Beifußkraut

1 l Doppelkorn oder Wodka

- Zerkleinern Sie das Beifußkraut und geben Sie es mit dem Schnaps in eine weithalsige Flasche.
- Stellen Sie die Mischung an einen warmen Platz und schütteln Sie sie möglichst mehrmals täglich.
- Filtern Sie die Flüssigkeit nach 2 Tagen in dunkle Flaschen ab.

Anwendung

Nehmen Sie dreimal täglich 1 Esslöffel Beifußschnaps vor den Mahlzeiten ein.

Wichtige Inhaltsstoffe

Ätherische Öle (Cineol), Gerbstoffe, Schleimstoffe, Zucker (Inulin).

Pluspunkte für die Gesundheit

Der bittere Geschmack regt die Produktion von Verdauungssäften an, die Öle wirken blähungstreibend. Beifußschnaps soll Beschwerden im Magen-Darm-Trakt lindern, die Nerven stärken, Stimmungsschwankungen ausgleichen und die Monatsblutung normalisieren.

Gut zu wissen

Beifuß wirkt ähnlich wie Wermut, allerdings nicht so stark. Dem Wirkstoff Cineol wird eine wurmtreibende Wirkung zugesprochen. Da die Anwendungen nicht ausreichend belegt sind, hat Beifuß keine amtliche Bestätigung (Monografie) als Heilkraut bekommen. Eine kräftigende Variante: Beifuß, Pfefferminze und Rosmarin zu gleichen Teilen mit süßem Weißwein angesetzt.

Birkenblätterwein

Birke (Betula pendula) - Birkengewächse

Das Rezept

2 Tassen junge Birkenblätter

1 l Wein

- Schneiden Sie die Birkenblätter in feine Streifen.
- Geben Sie sie mit dem Wein in ein geeignetes Ansatzgefäß.
- Stellen Sie es gut verschlossen an einen warmen Platz und schwenken Sie es häufig (oder rühren Sie die Mischung im Weinfässchen hin und wieder um).
- Filtern Sie die Flüssigkeit nach 2 Tagen in dunkle Flaschen ab.

Anwendung

Nehmen Sie zwei- bis dreimal täglich 1 Schnapsgläschen voll Birkenblätterwein zwischen den Mahlzeiten ein.

Wichtige Inhaltsstoffe

Ätherische Öle, Flavonoide (Querzetin), Gerbstoffe, Säuren, Schleimstoffe, Saponine.

Pluspunkte für die Gesundheit

Birkenblätter wirken fiebersenkend, krampflösend, harntreibend, ausschwemmend und entwässernd. Der Heilwein soll bakterielle und entzündliche Erkrankungen der Harnwege und Harnblase bekämpfen, außerdem soll er bei Nierengrieß, Wasseransammlungen im Körper sowie leichten rheumatischen Beschwerden nützlich sein.

Gut zu wissen

Bei Harnwegsinfekten hat sich ein Ansatz aus Birkenblätter und Brennnesselkraut zu gleichen Teilen bewährt.

Brennnesselschnaps

Brennnessel (Urtica urens) - Brennnesselgewächse

Das Rezept

Das frische Kraut von vier bis fünf blühenden Pflanzen (oder 1 Tasse getrocknete Blätter samt Stängel)

1 l Doppelkorn oder Wodka

- Schneiden Sie die oberirdischen Teile klein.
- Geben Sie sie mit dem Schnaps in ein gut verschließbares Gefäß.
- Stellen Sie die Mischung an einen warmen Platz und schwenken Sie sie möglichst mehrmals täglich.
- Filtern Sie die Flüssigkeit nach 2 Tagen in dunkle Flaschen ab.

Anwendung

Nehmen Sie drei- bis viermal täglich 2 Esslöffel von dem Brennnesselschnaps mit einem halben Glas Wasser ein.

Wichtige Inhaltsstoffe

Ameisensäure, Chlorophyll, Eisen, Flavonoide, Gerbstoffe, Glykoside, Histamin, Kalium, Kalzium, Kieselsäure.

Pluspunkte für die Gesundheit

Brennnesselkraut fördert den Stoffwechsel und steigert den Harnfluss (wirkt »aquaretisch«); die Wurzelextrakte wirken zusammenziehend (»adstringierend«).

Brennnesselschnaps soll Gelenkbeschwerden, Muskelschmerzen, Ischias und Gicht lindern, die Durchspülung von Niere und Blase verstärken, der Bildung von Nierengrieß vorbeugen und Beschwerden bei vergrößerter Prostata bessern.

Gut zu wissen

Traditionell wird für den Heilschnaps auch die besonders gerbstoffhaltige Wurzel der Brennnessel verwendet - zum Beispiel als Gurgelmittel.

Reiben Sie bei Nervenschmerzen Arme und Beine mit Brennnesselschnaps ein.

Enzianwein

Enzian (Gentiana lutea) - Enziangewächse

Das Rezept

1 Tasse getrocknete Enzianwurzeln

1 l Wein

- Schneiden Sie die Enzianwurzeln in feine Streifen und geben Sie sie mit dem Wein in ein geeignetes Ansatzgefäß.
- Stellen Sie es gut verschlossen an einen warmen Platz und schwenken Sie es häufig (oder rühren Sie die Mischung im Weinfässchen hin und wieder um).
- Filtern Sie die Flüssigkeit nach gut einer Woche in dunkle Flaschen ab.

Anwendung

Nehmen Sie bis zu dreimal täglich 1 Schnapsgläschen voll ein, und zwar zur Appetitanregung vor dem Essen, bei Verdauungsbeschwerden nach dem Essen.

Wichtige Inhaltsstoffe

Ätherische Öle, Bitterstoffe, Gerbstoffe, Schleimstoffe, Zucker.

Pluspunkte für die Gesundheit

Enzian wirkt belebend, regt den Appetit an und fördert die Verdauung. Der Enzianwein soll die Magensaft- und Gallenmenge steigern, die Magenentleerung beschleunigen, Völlegefühl, Blähungen und chronische Verstopfung beseitigen.

Gut zu wissen

Völlegefühl und Blähungen besänftigt auch der »Enziangeist«: Dazu setzen Sie die Wurzelstücke mit 1 Liter klarem Schnaps an (Zubereiten siehe unter Baldrianwurzel, Seite 62) und nehmen bei Bedarf 10 Tropfen davon in etwas Wasser ein.

Achtung

Enzianzubereitungen kommen für Sie nicht in Frage, wenn Sie Magen- oder Zwölffingerdarmgeschwüre haben.

Eukalyptusgeist

Eukalyptus (Eucalyptus globulus) – Myrtengewächse

Das Rezept

1 Tasse getrocknete Eukalyptusblätter

1 l Doppelkorn oder Wodka

- Zerkleinern Sie die Eukalyptusblätter und füllen Sie sie zusammen mit dem Schnaps in eine weithalsige Flasche.
- Stellen Sie die Mischung an einen warmen Platz und schütteln Sie sie so oft wie möglich.
- Filtern Sie die Flüssigkeit nach 2 Tagen in dunkle Flaschen ab.

Anwendung

Nehmen Sie dreimal täglich 1 bis 2 Esslöffel Eukalyptusgeist zwischen den Mahlzeiten ein.

Wichtige Inhaltsstoffe

Ätherische Öle mit Cineol, Bitterstoffe, Flavonoide, Gerbstoffe.

Pluspunkte für die Gesundheit

Eukalyptus hat schleimbildendende, auswurffördernde, krampflösendende und antibakterielle Eigenschaften. Eukalyptusgeist wird bei Erkältungskrankheiten und Infektionen der Luftwege eingesetzt; volksmedizinisch findet er auch bei Magen-Darm- und Blasenbeschwerden Verwendung.

Gut zu wissen

Geben Sie bei Atemwegsbeschwerden einige Tropfen Eukalyptusgeist zum Inhalieren in heißes Wasser.

Vorsicht

Bei Entzündungen im Magen-Darm-Bereich ist der Eukalyptusgeist aus heutiger Sicht kein geeignetes Hausmittel.

Fenchelwein

Fenchel (Foeniculum vulgare) – Doldengewächse

Das Rezept

1 Tasse Fenchelsamen

1 l Wein

- Zerquetschen Sie den Fenchelsamen ein wenig und geben Sie ihn mit dem Wein in ein geeignetes Ansatzgefäß.
- Das Ganze gut verschlossen an einen warmen Platz stellen und so oft wie möglich kräftig schwenken (oder umrühren).
- Nach 5 Tagen können Sie die Flüssigkeit in dunkle Flaschen filtern.

Anwendung

Nehmen Sie zwei- bis viermal täglich zwischen den Mahlzeiten 1 Schnapsgläschen Fenchelwein ein.

Wichtige Inhaltsstoffe

Ätherische und fette Öle mit Anethol, Estragol, Fenchon.

Pluspunkte für die Gesundheit

Fenchel hat schleimlösende, blähungstreibende (vor allem bei Kindern) und entkrampfende Eigenschaften. Fenchelwein soll bei Erkältungen das Abhusten fördern, Magen-Darm-Beschwerden mit Völlegefühl und Blähungen lindern und gleichzeitig die Verdauung und den Appetit anregen.

Gut zu wissen

Es gibt den stark würzigen »bitteren Fenchel« und den angenehm würzigen »süßen Fenchel«. Die Arzneipflanze aus der Apotheke ist der bitteren Fenchel.

Fenchelfrüchte harmonieren gut mit anderen Pflanzen wie Thymian, Pfefferminze, Salbei oder Anis, die ebenfalls viele ätherische Öle enthalten. Bei Magenproblemen ergeben Kümmel und Koriander eine wirkungsvolle Kombination.

Ginkgogeist

Ginkgo (Ginkgo biloba) - Ginkgogewächse

Das Rezept

1 Tasse getrocknete oder 2 Tassen pflückfrische Ginkgo-Blätter

1 l Doppelkorn oder Wodka

- Zerkleinern Sie die Ginkgoblätter und geben Sie sie mit dem Schnaps in eine weithalsige Flasche.
- Stellen Sie die Flasche gut verschlossen an einen dunklen, warmen Platz.
- Schwenken Sie die Mischung möglichst mehrmals täglich.
- Filtern Sie nach 2 Tagen die Flüssigkeit in dunkle Flaschen ab.

Anwendung

Nehmen Sie dreimal täglich 20 bis 30 Tropfen Ginkgogeist mit etwas Wasser zwischen den Mahlzeiten ein.

Wichtige Inhaltsstoffe

Flavonglykoside (Querzetin), Bioflavone (Gingetin), Terpenlactone, Ginkgolide A, B, C, Bilobalid, Ginkgolsäuren.

Pluspunkte für die Gesundheit

Extrakte aus Ginkgoblättern werden bei Schwindel, Gedächtnisschwäche und Altersmüdigkeit eingesetzt, außerdem bei depressiven Verstimmungen, Ohrensausen und Kopfschmerzen.

Gut zu wissen

Als Arzneimittel zugelassene Ginkgoextrakte verbessern nachweislich die schmerzfreie Gehstrecke bei Durchblutungsstörungen in den Beinen (periphere Verschlusskrankheit, Schaufensterkrankheit, Claudicatio intermittens).
Nehmen Sie einige Tropfen vom Ginkgoschnaps bei Husten und Verdauungsbeschwerden ein. In Asien ist das seit jeher ein traditionelles Hausmittel.

Ginsengwein

Ginsengwurzel (Panax ginseng) - Araliengewächse

Das Rezept

4 EL Ginsengwurzelpulver

1 l Wein

- Das Pulver mit dem Wein in eine Flasche füllen, gut verschlossen an einen warmen Platz stellen und gelegentlich schwenken.
- Nach 2 Tagen die Flüssigkeit in dunkle Flaschen filtern.

Anwendung

Nehmen Sie dreimal täglich 1 Schnapsgläschen Ginsengwein zwischen den Mahlzeiten ein.

Wichtige Inhaltsstoffe

Ätherische Öle, Steroidglykoside, Saponine (Ginsenoide), Sterole.

Pluspunkte für die Gesundheit

Die Ginsengwurzel hat antidepressive Eigenschaften, stärkt die Widerstandskraft und verbessert die körperliche und geistige Leistungsfähigkeit. Der Ginsengwein soll Müdigkeit, Schwäche- und Erschöpfungszustände beseitigen.

Gut zu wissen

Der Überlieferung zufolge hat Ginseng eine aphrodisierende (die sexuelle Lust steigernde) Wirkung.

In der ostasiatischen Medizin wird Ginseng seit Jahrtausenden als Tonikum und vermutlich auch als Aphrodisiakum geschätzt.

Aus der feingeschnittenen Ginsengwurzel und einem klaren Schnaps können Sie auch eine kräftige Tinktur zubereiten.

Hagebuttenlikör

Hagebutten (Rosa canina) - Rosengewächse

Das Rezept

2 Tassen frische oder 1 Tasse getrocknete Hagebuttenschalen

¼ l Zuckerlösung

1 l Doppelkorn oder Wodka

- Geben Sie die Hagebuttenschalen und den Schnaps in ein gut verschließbares Gefäß.
- Lassen Sie die Mischung an einem warmen Platz etwa 1 Woche reifen, dabei hin und wieder kräftig schwenken.
- Danach die Flüssigkeit abfiltern und mit der Zuckerlösung verrühren.
- Den Likör in dunkle Flaschen füllen.

Anwendung

Nehmen Sie dreimal täglich 1 Schnapsgläschen Hagebuttenlikör zwischen den Mahlzeiten ein.

Wichtige Inhaltsstoffe

Ätherische Öle, Flavonoide, Fruchtsäuren, Gerbstoffe, Karotinoide.

Pluspunkte für die Gesundheit

Den Hagebutten wird eine Reihe von Wirkungen zugeschrieben. Sie sollen die körpereigenen Abwehrmechanismen gegen Infektionen und bei Erkältungen unterstützen. Außerdem sollen sie bei allgemeinen Erschöpfungs- und Schwächezuständen, bei Verstopfung und leichten Gallenproblemen sowie bei Nieren- und Blasenschwäche hilfreich sein.

Gut zu wissen

Obwohl die Wissenschaftler der Kommission E des Bundesinstituts für Arzneimittel und Medizinprodukte den Hagebutten als Heilmittel noch kein grünes Licht gegeben haben, werden sie in der Volksmedizin als Heilmittel angesehen. Hagebuttenweine gehören zu den Klassikern unter den hausgemachten Elixieren.

Nehmen Sie bei Gallenproblemen anstelle des Schnapses einen trockenen Weißwein – und streichen Sie den Zucker. Vom Hagebuttenwein trinken Sie zum Essen je ein Schnapsgläschen voll.

Holunderblütenwein

Holunder (Sambucus nigra) – Geißblattgewächse

Das Rezept

2 Tassen frisch gerebelte Holunderblüten oder
1 Tasse getrocknete Blüten

1 l Wein

- Geben Sie die Holunderblüten und den Wein in ein geeignetes Ansatzgefäß. Das Ganze gut verschlossen an einem warmen Platz stellen und häufig schwenken (oder umrühren).
- Nach 2 Tagen können Sie die Flüssigkeit in dunkle Flaschen filtern.

Anwendung

Nehmen Sie drei- bis viermal täglich 1 Schnapsglas Holunderblütenwein zwischen den Mahlzeiten ein.

Wichtige Inhaltsstoffe

Ätherische Öle, Flavonoide (Rutin, Querzetin, Kämpferol), Gerbstoffe, Sambunigrin (ein Blausäureglykosid), Säuren, Steroide und Triterpene.

Pluspunkte für die Gesundheit

Holunderblüten sind ein schweißtreibendes Mittel bei fieberhaften Erkältungskrankheiten. Der Blütenwein dient traditionell zur Anregung der Verdauung bei Völlegefühl, Magenschmerzen, Erkältungen und Grippe, Erschöpfungszuständen, Schlafstörungen, nervösen Herz- und Kreislaufbeschwerden.

Gut zu wissen

Nur die Blüten gelten als Arznei. In der Homöopathie werden auch die Blätter genutzt, die Volksmedizin setzt manchmal die Wurzel und die Rinde als harntreibendes Mittel ein, während die frisch verarbeiteten Beeren als Hausmittel bei Nervenschmerzen dienen.

Versuchen Sie bei rheumatischen Beschwerden den Holunderbeerenschnaps: Dazu 2 Tassen vollreifer Beeren mit 1 Liter klaren Schnaps ansetzen und zwei Tage unter gelegentlichem Schütteln ziehen lassen. Davon mehrmals täglich 1 Esslöffel einnehmen.

Siehe auch Likör aus Holunderbeeren (auf Seite 107).

Ingwerelixier

Ingwer (Zingiber officinale) – Ingwergewächse

Das Rezept

3 EL Ingwerpulver

1 l Wein

- Geben Sie das Ingwerpulver mit dem Wein in ein geeignetes Ansatzgefäß.
- Das Ganze gut verschlossen an einen warmen Platz stellen und häufig schwenken (oder umrühren).
- Nach 2 Tagen den Ingwerwein in dunkle Flaschen abfiltern.

Anwendung

Nehmen Sie morgens und abends 1 Schnapsgläschen voll zwischen den Mahlzeiten ein.

Wichtige Inhaltsstoffe

Ätherische Öle, Säuren, Scharfstoffe, Schleimstoffe, Terpene, Zucker.

Pluspunkte für die Gesundheit

Ingwer wirkt antientzündlich, schweißtreibend bei Erkältungen, verdauungsfördernd und beugt Blutgerinnseln vor. Nichtflüchtige Scharfstoffe im Ingwer (Gingerole und Shogaole) vertreiben Eingeweideparasiten und Saugwürmer der Gattung Shistosoma, die sich in fast allen Organen anheften können. Ingwerwein oder Ingwerschnaps soll die Produktion der Speichel-, Gallen- und Magensäfte sowie die Darmtätigkeit anregen, Brechreiz und Übelkeit mit Schwindel (Reisekrankheit) lindern, den Kreislauf stärken und die Hautdurchblutung fördern.

Gut zu wissen

Das süße, warme und zitronige Aroma des Ingwers ist eine ausgezeichnete Zutat, um andere, weniger wohlschmeckende Heilweine geschmacklich abzurunden.
Sie können auch eine Hand voll frisch geschälte und zerkleinerte Ingwerwurzeln verwenden oder die Ingwerstücke mit 1 Liter Schnaps in einem gut verschließbaren Gefäß ansetzen. Die Dosis beträgt beim »Ingwergeist« zwei- bis dreimal täglich 10 bis 20 Tropfen.

Johanniskrautschnaps

Johanniskraut (Hypericum perforatum) – Johanniskrautgewächse

Das Rezept

2 Tassen frisches oder 1 Tasse getrocknetes Johanniskraut (das obere Drittel der blühenden Pflanze)

1 l Doppelkorn oder Wodka

- Zerkleinern Sie das Johanniskraut und geben Sie es mit dem Schnaps in ein geeignetes Gefäß.
- Stellen Sie das Gefäß an einen warmen Platz und schwenken Sie es so oft wie möglich.
- Filtern Sie den Heilschnaps nach 3 Tagen in eine dunkle Flasche.

Anwendung

Nehmen Sie morgens 10 bis 30 Tropfen auf ein halbes Glas Wasser, nachmittags 1 Schnapsglas voll.

Wichtige Inhaltsstoffe

Ätherische Öle, Flavonoide, Gerbstoffe, Hyperforin, Hypericin, Phytosterine.

Pluspunkte für die Gesundheit

Johanniskraut hat stimmungsaufhellende, ausgleichende, verdauungsanregende, schmerzlindernde und wundheilende Eigenschaften. Der Johanniskrautschnaps soll bei depressiven Verstimmungen, Angst und nervöser Unruhe nützlich sein.

Gut zu wissen

Da Johanniskraut keine dämpfende, sondern eine stimmungsaufhellende Wirkung hat, ist es ratsam, bei Einschlafproblemen das Elixier nicht unmittelbar vor dem Zubettgehen einzunehmen. Im Zuge der nach einigen Tagen einsetzenden ausgleichenden Wirkung sollten auch die Schlafstörungen nachlassen.

Vorsicht

Bei manchen Menschen kann es zu einer erhöhten Lichtempfindlichkeit kommen, sie sollten daher nach der Einnahme von Johanniskraut-Zubereitungen die pralle Sonne meiden.

Kamillengeist

Kamille (Matricaria recutita) - Korbblütler

Das Rezept

1 Tasse getrocknete oder 2 Tassen frische Kamillenblüten

1 l Doppelkorn oder Wodka.

- Füllen Sie die Blütenköpfchen mit dem Schnaps in eine weithalsige Flasche.
- Stellen Sie das Gefäß gut verschlossen an einen dunklen, warmen Platz und schwenken Sie es möglichst mehrmals täglich.
- Filtern Sie nach 2 Tagen die Flüssigkeit in dunkle Flaschen ab.

Anwendung

Bei Magen- und Darmbeschwerden nehmen Sie zwischen den Mahlzeiten 1 bis 2 Teelöffel Kamillengeist ein. Bei Entzündungen der Mundschleimhaut mehrmals mit wasserverdünnter Kamilletinktur spülen oder gurgeln.

Wichtige Inhaltsstoffe

Ätherische Öle, Bitterstoffe, Flavonoide, Glukoside, Schleimstoffe.

Pluspunkte für die Gesundheit

Kamillenblüten haben krampflösende, schweißtreibende, erwärmende, entzündungshemmende, desinfizierende und erweichende Eigenschaften. Der Kamillenblütengeist wird äußerlich angewendet bei entzündlichen Haut- und Schleimhauterkrankungen (wie Ekzeme), bei bakteriellen Hauterkrankungen (zum Beispiel zur Nachbehandlung offener Abszesse) und bei infizierten Wunden einschließlich der Mundhöhle und des Zahnfleischs. Außerdem eignet er sich zum Inhalieren bei Reizzuständen der Atemwege. Innerlich angewendet ist Kamillengeist nützlich bei Krämpfen und entzündlichen Erkrankungen des Magen-Darm-Traktes.

Gut zu wissen

Fügen Sie bei Verdauungsbeschwerden 1 Teelöffel Anissamen oder zerkleinerte Pfefferminzblätter zum Ansatz hinzu.

Vorsicht

Kamille gehört zur Pflanzenfamilie der Korbblütler, auf die empfindliche Menschen allergisch reagieren können.

Kiefernsprossen-Fichtennadel-Geist

Kiefer (Pinus mugo); Fichte (Picea abies) - Kieferngewächse

Das Rezept

2 Tassen frische Fichtenspitzen oder Kiefernsprossen

1 l Doppelkorn oder Wodka

1/4 l Zuckerlösung

Geben Sie die frischen Spitzen oder Sprossen mit dem Schnaps in ein gut verschließbares Gefäß.

Lassen Sie die Mischung an einem warmen Platz gut eine Woche reifen, dabei hin und wieder kräftig schwenken.

Danach die Flüssigkeit abfiltern, mit der Zuckerlösung (siehe Seite 47) verrühren und in dunkle Flaschen füllen.

Anwendung

Nehmen Sie bis zu dreimal täglich 1 Schnapsglas voll zwischen den Mahlzeiten ein.

Wichtige Inhaltsstoffe

Ätherische Öle, Bitterstoffe, Gerbstoffe.

Pluspunkte für die Gesundheit

Die Inhaltsstoffe von Kiefernsprossen und Fichtennadeln haben durchblutungsfördernde Eigenschaften. Die »Nadelgeister« sollen innerlich angewendet den Schleim verflüssigen und das Abhusten bei Erkältungen erleichtern, äußerlich angewendet rheumatische Beschwerden und Muskelschmerzen zum Abklingen bringen.

Gut zu wissen

Als Heilschnaps ohne Zuckerzusatz ist der Kiefernsprossen-Fichtennadel-Geist vor allem bei Atemwegserkrankungen, Muskelschmerzen und rheumatischen Beschwerden für Massagen, Auflagen und als Badezusatz geeignet.

Lassen Sie den Zucker weg und geben Sie 4 Esslöffel getrocknete Eukalyptusblätter an den Ansatz. So erhalten Sie eine kräftige Tinktur, die Sie bei Erkältungen tropfenweise in heißem Wasser aufgelöst inhalieren können.

Knoblauchelixier

Knoblauch (Allium sativum) – Lauchgewächse

Das Rezept

5 bis 10 Knoblauchzehen

1 l Doppelkorn oder Wodka.

- Schälen Sie die Knoblauchzehen und schneiden Sie sie in dünne Scheiben.
- Geben Sie sie mit dem Schnaps in ein gut verschließbares Gefäß.
- Stellen Sie es an einen warmen Platz und schütteln Sie es häufig.
- Nach drei bis fünf Tagen das Knoblauchelixier in dunkle Flaschen filtern.

Anwendung

Zur Vorbeugung gegen altersbedingte Gefäßveränderungen nehmen Sie dreimal täglich 1 Schnapsglas Knoblauchelixier nach dem Essen, bei akuten Beschwerden mehrmals täglich 1 Teelöffel vor dem Essen ein.

Wichtige Inhaltsstoffe

Ätherische Öle, Flavonoide, Glykoside, Phenolsäuren, Saponine, Schwefel (Allium, Allizin), Terpene.

Pluspunkte für die Gesundheit

Knoblauch wirkt blutdrucksenkend, keimtötend, schweißtreibend, gallenflussfördernd und krampflösend. Das Knoblauchelixier soll bei Durchblutungsstörungen, Herz-Kreislauf-Problemen, Verdauungsbeschwerden, auch bei Parasitenbefall im Darmtrakt, Leber-Galle-Leiden und Infektionen der Atemwege hilfreich sein.

Gut zu wissen

Unzerkleinerte Knoblauchzehen setzen weniger Wirkstoffe frei, da sich einige Stoffe wie das geruchsintensive Allizin erst beim Anschneiden durch den Kontakt mit Sauerstoff bilden.

Mischen Sie 1 Tasse Knoblauch- und Zwiebelstückchen zu gleichen Teilen mit 1 Liter Wein. Trinken Sie davon vor den Mahlzeiten zwei, drei Schlückchen.

Kümmelschnaps

Kümmel (Carum carvi) - Doldengewächse

Das Rezept

½ Tasse Kümmelfrüchte

1 l Doppelkorn oder Wodka

- Zerstoßen oder zerquetschen Sie die Kümmelfrüchte ein wenig und geben Sie sie mit dem Schnaps in ein gut verschließbares Gefäß.
- Stellen Sie das Gefäß an einen warmen Platz und schütteln Sie es häufig.
- Nach 3 bis 5 Tagen können Sie den Kümmelschnaps in dunkle Flaschen abfiltern.

Anwendung

Nehmen Sie dreimal täglich 1 Schnapsgläschen Kümmelschnaps zwischen den Mahlzeiten ein.

Wichtige Inhaltsstoffe

Ätherische und fette Öle mit Carvon, Flavonoide.

Pluspunkte für die Gesundheit

Kümmel ist magenstärkend, krampflösend, blähungstreibend. Der Kümmelschnaps soll nützlich sein bei leichten Krämpfen im Magen-Darm-Bereich, bei Völlegefühl und Blähungen sowie bei nervösen Herz-Magen-Beschwerden.

Gut zu wissen

Kümmel, Koriander und Anis sind eine klassische Kombination zur Linderung von krampfartigen Magenbeschwerden.
Geben Sie dem fertigen Kümmelgeist nach dem Abfiltern Süßes: Mit etwa ¼ Liter Zuckerlösung verwandeln Sie den kräftigen Kümmelschnaps in einen schmackhaften Likör.

Lavendelblütengeist

Lavendel (Lavandula angustifolia) - Lippenblütler

Das Rezept

1 Tasse getrocknete oder 2 Tassen frische Lavendelblüten

1 l Doppelkorn oder Wodka

- Füllen Sie die Lavendelblüten mit dem Schnaps in eine weithalsige Flasche.
- Stellen Sie das Gefäß gut verschlossen an einen dunklen, warmen Platz und schwenken Sie es so oft wie möglich.
- Filtern Sie den Lavendelblütengeist nach 2 Tagen in dunkle Flaschen ab.

Anwendung

Nehmen Sie mehrmals täglich sowie vor dem Schlafengehen je 1 Teelöffel Lavendelblütengeist mit etwas Wasser verdünnt ein.

Wichtige Inhaltsstoffe

Ätherisches Öl, Gerbstoffe, Flavonoide, Phytosterine, Triterpene.

Pluspunkte für die Gesundheit

Lavendelblüten haben entspannende, beruhigende und blähungswidrige Eigenschaften. Der Blütengeist wird innerlich angewendet bei Befindensstörungen wie nervöser Unruhe und Erschöpfung, Einschlafstörungen, Appetitlosigkeit sowie bei funktionellen Oberbauchbeschwerden wie nervösem Reizmagen, Blähungen, Darmbeschwerden. Äußerlich dient er als Badezusatz bei Kreislaufstörungen.

Gut zu wissen

Lavendelblütengeist können Sie auch als Badezusatz verwenden.
Mischen Sie Lavendelblüten mit Baldrian, der ebenfalls beruhigende Effekte hat.

Liebstöckelwein

Liebstöckel (Levisticum officinale) - Doldenblütler

Das Rezept

1 Tasse getrocknete oder 2 Tassen frische Liebstöckelwurzeln

1 l Wein

- Schneiden Sie die Wurzeln in dünne Scheiben und geben Sie sie mit dem Wein in ein geeignetes Ansatzgefäß.
- Das Ganze gut verschlossen an einen warmen Platz stellen und häufig schütteln (oder umrühren).
- Nach 5 bis 7 Tagen können Sie den Liebstöckelwein in dunkle Flaschen filtern.

Anwendung

Nehmen Sie dreimal täglich 1 Schnapsgläschen Liebstöckelwein zwischen den Mahlzeiten ein.

Wichtige Inhaltsstoffe

Ätherische Öle, Gerbstoffe, Harz, Kumarin.

Pluspunkte für die Gesundheit

Liebstöckelwurzel hat harntreibende und krampflösende Effekte. Der Liebstöckelwein soll die Durchspülung bei entzündlichen Erkrankungen der Harnwege unterstützen und Nierengrieß vorbeugen. Traditionell wird Liebstöckelwein bei Aufstoßen, Sodbrennen, Völlegefühl und als schleimlösendes Mittel genutzt.

Gut zu wissen

Die Volksheilkunde empfiehlt Liebstöckel wegen seiner wassertreibenden Eigenschaften auch bei geschwollenen Füßen (Ödemen). Aus heutiger Sicht wird von der Selbstbehandlung abgeraten, wenn die Ödeme aufgrund einer eingeschränkten Herz- und Nierenfunktion entstehen.
Mit ein paar frischen Liebstöckelblättern bekommt der Wein eine besonders würzige Note.

Löwenzahnwein

Löwenzahn (Taraxacum officinale) - Korbblütler

Das Rezept

1 Tasse getrocknete oder 2 Tassen frische Löwenzahnwurzeln mit Kraut

1 l Wein

- Zerkleinern Sie die Wurzeln und das Kraut und geben Sie sie zusammen mit dem Wein in ein geeignetes Ansatzgefäß.
- Das Ganze gut verschlossen an einen warmen Platz stellen und häufig schütteln (oder umrühren).
- Nach 5 Tagen können Sie den Löwenzahnwein in dunkle Flaschen filtern.

Anwendung

Nehmen Sie morgens und abends 1 Schnapsgläschen voll ein. Um den Appetit anzuregen, trinken Sie den Löwenzahnwein vor dem Essen.

Wichtige Inhaltsstoffe

Bitterstoffe, Flavonoide, Phytosterine, Säuren, Schleime, Triterpene, Zucker.

Pluspunkte für die Gesundheit

Löwenzahn steigert den Harnfluss und regt durch seine Bitterstoffe die Produktion von Gallensäften und damit auch den Appetit an. Löwenzahnwein wird außer bei Gallenbeschwerden und Appetitlosigkeit auch bei Aufstoßen, Völlegefühl und Blähungen eingesetzt.

Gut zu wissen

Nur die Wurzeln und das Kraut gelten als Heilmittel.

Probieren Sie eine altbekannte Spezialität: Wein oder Likör aus frisch gepflückten Löwenzahnblüten.

Mariendistelelixier

Mariendistel (Silybum marianum) - Korbblütler

Das Rezept

1 Tasse gebrauchsfertige Mariendistelfrüchte (aus der Apotheke)

1 l Doppelkorn oder Wodka

- Füllen Sie die zerkleinerten Mariendistelfrüchte in eine weithalsige Flasche.
- Fügen Sie den Schnaps hinzu.
- Stellen Sie die Mischung an einen warmen Platz und schütteln Sie von Zeit zu Zeit kräftig.
- Filtern Sie das Mariendistelelixier nach 5 Tagen in dunkle Flaschen ab.

Anwendung

Nehmen Sie drei- bis viermal täglich 1 Esslöffel Mariendistelelixier zwischen den Mahlzeiten ein.

Wichtige Inhaltsstoffe

Ätherische Öle, Bitterstoffe, Flavonoide mit Silybin, Silydianin, Silychristin; Harze.

Pluspunkte für die Gesundheit

Mariendistelfrüchte wirken kräftigend und anregend auf die Leber. Sie fördern den Milchfluss, schützen die Schleimhäute und wirken antidepressiv.

Das Mariendistelelixier ist gut bei Verdauungsbeschwerden mit Aufstoßen, Völlegefühl, Blähungen, bei Leberschwäche und gestörter Gallenfunktion.

Gut zu wissen

Früher nutzte man auch das Kraut der Mariendistel zur Anregung von Leber und Galle. Diese Anwendung ist allerdings unter Naturheilkundlern umstritten.

Bereiten Sie sich bei Problemen mit der Galle den Schnaps mit Löwenzahnwurzel und Mariendistelfrüchten zu gleichen Teilen zu.

Melissengeist

Melisse (Melissa officinalis) - Lippenblütler

Das Rezept

1 Tasse getrocknete oder 2 Tassen frische Melissenblätter

1 l Doppelkorn oder Wodka

- Füllen Sie die Melissenblätter mit dem Schnaps in eine weithalsige Flasche.
- Stellen Sie die Mischung an einen warmen Platz und schütteln Sie sie so oft wie möglich.
- Filtern Sie die Flüssigkeit nach 2 Tagen in dunkle Flaschen ab.

Anwendung

Nehmen Sie 1 bis 2 Teelöffel zwischen den Mahlzeiten ein. Äußerlich können Sie Melissengeist unverdünnt zum Einreiben verwenden, und zwar bei Muskelkater, Muskelschmerzen und rheumatischen Beschwerden.

Wichtige Inhaltsstoffe

Ätherisches Öl, Bitterstoffe, Flavonoide, Gerbstoffe, Glykoside.

Pluspunkte für die Gesundheit

Melissenblätter haben beruhigende, stimmungsaufhellende und krampflösende Effekte. Melissengeist wird daher bei nervös bedingten Einschlafstörungen und funktionellen Magen-Darm-Beschwerden (»nervösem Magen«) eingenommen. Die Volksmedizin verwendet Melissengeist zudem als schweißtreibendes und allgemein kräftigendes Mittel, das zu Wohlbefinden und Ausgeglichenheit beitragen soll.

Gut zu wissen

Ein im Handel erhältlicher 80-prozentiger Melissengeist ist aus 15 »traditionell bewährten« Heilkräutern komponiert: Alantwurzelstock, Angelika, Anis, Eukalyptus, Galgant, Ingwer, Kardamom, Melisse, Muskat, Nelken, Pfefferminze, Pfeffer, Pomeranzenschalen, Wacholderbeeren und Zimt.

Kombinieren Sie den Ansatz für den Melissengeist mit anderen beruhigenden Heilpflanzen wie Baldrian oder Hopfenzapfen oder mit blähungswidrigen »Drogen« wie Pfefferminze oder Angelikawurzel.

Mönchspfeffertinktur

Mönchspfeffer (Vitex agnus-castus) – Eisenkrautgewächse

Das Rezept

1 Tasse getrocknete Mönchspfefferfrüchte

1 l Doppelkorn oder Wodka

- Geben Sie die Früchte mit dem Schnaps in ein Glasgefäß.
- Stellen Sie es gut verschlossen an einen warmen Platz und schwenken Sie es häufig.
- Filtern Sie nach 3 bis 5 Tagen die Mönchspfeffertinktur in dunkle Flaschen ab.

Anwendung

Nehmen Sie morgens und abends 20 Tropfen Mönchspfeffertinktur, die Sie mit etwas Zucker im Mund zergehen lassen.

Wichtige Inhaltsstoffe

Ätherische Öle, Bitterstoffe, Flavonoide, Glykoside, Saponine.

Pluspunkte für die Gesundheit

Mönchspfefferfrüchte haben östrogenartige Wirkungen. Die Tinktur soll bei Brustbeschwerden (Mastodynie), zu geringer Stillleistung, schmerzhaften und nervösen Beschwerden vor und nach der Monatsblutung sowie bei Wechseljahresbeschwerden hilfreich sein (siehe hierzu auch Traubensilberkerze, Seite 98).

Gut zu wissen

Bei Wechseljahresbeschwerden ist womöglich eine Tinktur aus Traubensilberkerze (siehe Seite 98) eine zweckmäßige Alternative.

Im Mittelalter dienten die Zubereitungen aus den Früchten als Mittel zur Minderung des Geschlechtstriebes.

Vorsicht

Bei empfindlichen Menschen kann Mönchspfeffer juckende Bläschen auf der Haut hervorrufen.

Pfefferminzlikör

Pfefferminze (Mentha x piperita) – Lippenblütler

Das Rezept

1 Tasse getrocknete oder 2 Tassen frische Pfefferminzblätter

1 l Doppelkorn oder Wodka

1/4 l Zuckerlösung

- Geben Sie die Pfefferminzblätter in ein gut verschließbares Gefäß. (Frische Blätter vorher zerkleinern.)
- Stellen Sie das Gefäß an einen warmen Platz und schwenken Sie es von Zeit zu Zeit.
- Filtern Sie nach 2 Tagen die Flüssigkeit ab.
- Rühren Sie die Zuckerlösung (siehe Seite 47) unter. Bei Bedarf noch etwas nachsüßen.
- Füllen Sie den fertigen Pfefferminzlikör in dunkle Flaschen.

Anwendung

Nehmen Sie dreimal täglich 1 Schnapsgläschen Pfefferminzlikör zwischen den Mahlzeiten ein.

Wichtige Inhaltsstoffe

Ätherische Öle (Menthol), Bitterstoffe, Flavonoide, Gerbstoffe, Glykoside, Triterpene.

Pluspunkte für die Gesundheit

Pfefferminze ist magenstärkend, belebend, regt den Gallefluss an, wirkt keimtötend und hemmt Gärungsprozesse in Magen und Darm. Pfefferminzlikör soll krampfartige Bauchschmerzen, Blähungen und Völlegefühl lindern sowie bei Verstopfung oder Durchfall nützlich sein. In der Volksmedizin werden Pfefferminzblätter auch als beruhigendes, nervenstärkendes Mittel eingesetzt.

Gut zu wissen

Pfefferminze verträgt sich gut mit anderen Heilpflanzen wie Thymian, Fenchel, Salbei, Melisse, Kamille, Kümmel und Anis.

Vorsicht

Bei Gallensteinleiden sind Zubereitungen aus Pfefferminze mit Vorsicht zu genießen. Im Zweifelsfall den Arzt fragen!

Pomeranzenlikör

Pomeranze (Citrus aurantium) – Rautengewächse

Das Rezept

Die äußere Schale von zwei reifen Pomeranzen (heißen auch »Bitterorangen«) oder 1 Tasse voll von der gebrauchsfertigen »Droge« aus der Apotheke

- Füllen Sie die Pomeranzenschale (die Fruchtwand ohne die weiße Innenschicht) mit dem Schnaps in eine weithalsige Flasche.
- Stellen Sie das Gefäß gut verschlossen 5 Tage an einen warmen Platz und schütteln Sie es häufig.
- Danach die Flüssigkeit abfiltern und mit der Zuckerlösung (siehe Seite 47) verrühren.
- Den fertigen Likör in dunkle Flaschen füllen.

Anwendung

Bei Appetitlosigkeit nehmen Sie zwei- bis dreimal täglich 20 Tropfen eine halbe Stunde vor dem Essen, bei Verdauungsbeschwerden unmittelbar nach dem Essen ein.

Wichtige Inhaltsstoffe

Ätherisches Öl, Bitterstoffe, Flavonoide.

Pluspunkte für die Gesundheit

Pomeranzenschalen regen die körpereigene Produktion von Magensäften an. Der Heillikör wird bei Appetitlosigkeit und Verdauungsstörungen getrunken; er soll Blähungen lösen und Übelkeit vertreiben.

Gut zu wissen

Probieren Sie bei Verstopfung eine Mischung aus Pomeranzenschalen und Hagebuttenschalen zu gleichen Teilen.

Vorsicht

Bei empfindlichen Menschen kann es zu erhöhter Lichtempfindlichkeit kommen, sie sollten daher nach der Einnahme von Pomeranzenschalen-Zubereitungen die pralle Sonne meiden.

Ringelblumentinktur

Ringelblume (Calendula officinalis) - Korbblütler

Das Rezept

1 Tasse getrocknete oder 2 Tassen frische Ringelblumenblüten

1 l Doppelkorn oder Wodka

- Füllen Sie die Ringelblumenköpfe mit dem Schnaps in eine weithalsige Flasche.
- Stellen Sie das Gefäß gut verschlossen an einen dunklen, warmen Platz und schwenken Sie es möglichst mehrmals täglich.
- Filtern Sie nach 2 Tagen die Flüssigkeit in dunkle Flaschen ab.

Anwendung

Bei Entzündungen im Mund und Rachenraum nehmen Sie 10 bis 20 Tropfen Ringelblumentinktur mit warmem Wasser verdünnt zum Gurgeln oder Spülen.

Wichtige Inhaltsstoffe

Ätherisches Öl, Flavonoide, Gerbstoffe, Glykoside, Karotinoide, Saponine, Triterpenglykoside.

Pluspunkte für die Gesundheit

Die Blüten der Ringelblume wirken entzündungshemmend, wundheilend und antibakteriell. Die Ringelblumentinktur soll Entzündungen in Mund und Rachen bekämpfen, äußerlich die Heilung bei Riss-, Quetsch- und Brandwunden und bei Hautverletzungen beschleunigen. Die Volkmedizin verwendet Ringelblumentinktur auch innerlich als Wurmmittel und bei Leberleiden.

Gut zu wissen

Befeuchten Sie ein Tuch mit wasserverdünnter Ringelblumentinktur und legen Sie es auf die entzündete Haut. Wiederholen Sie die Prozedur mehrmals täglich

Vorsicht

Die Pflanze gehört zur Familie der Korbblütler, auf die empfindliche Menschen allergisch reagieren können.

Rosmarinwein

Rosmarin (Rosmarinus officinalis) - Lippenblütler

Das Rezept

1 Tasse frische oder 2 Tassen getrocknete Rosmarinblätter

1 l Weißwein

- Geben Sie die Rosmarinblätter mit dem Wein in ein geeignetes Ansatzgefäß.
- Stellen Sie das Gefäß gut verschlossen an einen warmen Platz und schwenken Sie es häufig (oder rühren Sie den Ansatz im Weinfässchen hin und wieder um).
- Nach 2 bis 3 Tagen können Sie den Wein in dunkle Flaschen filtern.

Anwendung

Nehmen Sie drei- bis viermal täglich 1 Schnapsgläschen Rosmarinwein zwischen den Mahlzeiten ein.

Wichtige Inhaltsstoffe

Ätherisches Öl, Bitterstoffe, Flavonoide, Gerbstoffe, Glykoside.

Pluspunkte für die Gesundheit

Rosmarin wirkt krampflösend in den Gallenwegen und am Dünndarm, steigert die Herzleistung und fördert die Durchblutung der Herzkranzgefäße. Rosmarinwein ist bei Völlegefühl, Blähungen, leichten krampfartigen Magen-, Darm- und Gallestörungen sowie bei rheumatischen Beschwerden hilfreich. Traditionell dient Rosmarinwein als Tonikum zur Stärkung und Kräftigung.

Gut zu wissen

Rosmarin mit klarem Schnaps angesetzt kann bei rheumatischen Erkrankungen als Badeessenz dienen.
Rosmarin harmoniert gut mit Ingwer, Zimt oder Thymian.

Salbeiwein

Salbei (Salvia officinalis) - Lippenblütler

Das Rezept

1 Tasse getrocknete oder 2 Tassen frische Salbeiblätter (vor der Blüte geerntet)

1 l Wein

- Geben Sie die (zerkleinerten) Salbeiblätter und den Wein in ein geeignetes Ansatzgefäß. Das Ganze gut verschlossen an einen warmen Platz stellen und häufig schwenken (oder umrühren).
- Nach 2 bis 3 Tagen können Sie den Wein in dunkle Flaschen filtern.

Anwendung

Bei Verdauungsbeschwerden nehmen Sie je 1 Schnapsgläschen voll eine halbe Stunde vor den Mahlzeiten ein, gegen nächtliches Schwitzen trinken Sie 2 Stunden vor dem Zubettgehen ein Glas (0,2 Liter) Salbeiwein.

Wichtige Inhaltsstoffe

Ätherisches Öl, Bitterstoffe, Flavonoide, Gerbstoffe, Glykoside, Triterpene.

Pluspunkte für die Gesundheit

Salbei regt die Produktion von Gallen- und Magensäften an, hat schweißhemmende und zusammenziehende Eigenschaften. Außerdem hemmt das Kraut das Wachstum von Pilzen und Viren. Salbeiwein soll übermäßiges Schwitzen verhindern, Entzündungen im Mund und Rachen bekämpfen sowie Magen-Darm-Katarrhe lindern.

Gut zu wissen

In der Volksmedizin wird Salbei eine blutzuckersenkende Wirkung zugeschrieben.
Salbei können Sie gut mit anderen Pflanzen kombinieren, die ebenfalls viel ätherisches Öl enthalten wie Anis, Fenchel, Pfefferminze oder Thymian.

Schafgarbenschnaps

Schafgarbe (Achillea millefolium) - Korbblütler

Das Rezept

1 Tasse getrocknetes oder 2 Tassen frisches Schafgarbenkraut

- Schneiden Sie das Schafgarbenkraut in kleine Stücke und füllen Sie es mit dem Schnaps in eine weithalsige Flasche.
- Stellen Sie das Gefäß gut verschlossen an einen warmen Platz und schwenken Sie es möglichst mehrmals täglich.
- Filtern Sie den Schafgarbenschnaps nach 2 Tagen in dunkle Flaschen ab.

Anwendung

Geben Sie dreimal täglich zwischen den Mahlzeiten 10 bis 20 Tropfen direkt auf die Zunge oder nehmen Sie sie mit etwas Wasser verdünnt ein.

Wichtige Inhaltsstoffe

Ätherische Öle mit Azulen, Bitterstoffe, Gerbstoffe, Flavonoide, Terpene, Säuren.

Pluspunkte für die Gesundheit

Schafgarbe hat gallenflussfördernde, krampflösende, zusammenziehende und antibakterielle Eigenschaften. Der Schafgarbenschnaps soll den Appetit und die Verdauung anregen, leichte krampfartige Beschwerden im Bereich von Magen-Darm und Galle lindern.

In der Volksmedizin gilt Schafgarbe als blutstillendes Mittel, auch bei Hämorrhoiden und zu starker Monatsblutung wird sie eingesetzt.

Gut zu wissen

Der Schafgarbenschnaps eignet sich auch als Badezusatz für entspannende Sitzbäder.

Vorsicht

Die Pflanze gehört zur Familie der Korbblütler, auf die empfindliche Menschen allergisch reagieren können.

Sonnenhuttinktur

Sonnenhut (Echinacea purpurea) - Korbblütler

Das Rezept

1 Tasse getrocknetes oder 2 Tassen zur Blütezeit geerntetes Sonnenhutkraut

1 l Doppelkorn oder Wodka

- Zerkleinern Sie Pflanzenteile und geben Sie sie mit dem Schnaps in eine weithalsige Flasche.
- Stellen Sie das Gefäß gut verschlossen an einen warmen Platz und schwenken Sie es möglichst mehrmals täglich.
- Filtern Sie nach 3 Tagen die Sonnenhuttinktur in dunkle Flaschen ab.

Anwendung

Nehmen Sie dreimal täglich 30 Tropfen mit etwas Wasser verdünnt zwischen den Mahlzeiten ein.

Wichtige Inhaltsstoffe

Ätherische Öle, Bitterstoffe, Echinazin, Echinacosid, Harze, Polysaccharide.

Pluspunkte für die Gesundheit

Sonnenhut stärkt die natürlichen Abwehrkräfte. Die Tinktur des Purpursonnenhuts eignet sich zur unterstützenden Behandlung bei wiederkehrenden Infekten der Atemwege (Erkältungen) und der ableitenden Harnwege. Äußerlich hilft sie bei entzündlichen und eitrigen Verletzungen, Abszessen und Furunkeln.

Gut zu wissen

Nehmen Sie bei besonderer Infektanfälligkeit den purpurfarbenen Sonnenhut (Echinacea purpurea) als vorbeugendes Mittel ein. Von den verschiedenen Echinacea-Pflanzen ist diese Art pharmakologisch am besten untersucht.

Vorsicht

Die Pflanze gehört zur Familie der Korbblütler, auf die empfindliche Menschen allergisch reagieren können.

Spitzwegerichgeist

Spitzwegerich (Plantago lanceolata) - Wegerichgewächse

Das Rezept

1 Tasse getrocknete oder 2 Tassen zur Blütezeit geerntete Spitzwegerichblätter

1 l Doppelkorn oder Wodka

- Zerkleinern Sie die Blätter und füllen Sie sie mit dem Schnaps in eine weithalsige Flasche.
- Stellen Sie das Gefäß gut verschlossen an einen warmen Platz und schwenken Sie es möglichst mehrmals täglich.
- Filtern Sie nach 2 Tagen die Flüssigkeit in dunkle Flaschen ab.

Anwendung

Nehmen Sie drei- bis viermal täglich ein Schnapsgläschen Spitzwegerichgeist zwischen den Mahlzeiten ein.

Wichtige Inhaltsstoffe

Bitterstoffe, Flavonoide, Gerbstoffe, Glykoside, Schleimstoffe, Kieselsäure, Zink, Kalium.

Pluspunkte für die Gesundheit

Spitzwegerich hat reizmildernde, zusammenziehende und bakterienhemmende Eigenschaften. Der Spitzwegerichgeist soll eitrige Schleimhautentzündungen (Katarrhe) der Atemwege sowie entzündliche Veränderungen der Mund- und Rachenschleimhaut mildern. Äußerlich können Sie ihn als Tinktur zum Betupfen kleinerer Wunden und Insektenstiche verwenden.

Gut zu wissen

In der Volksmedizin wird Spitzwegerich bei Harnblasenentzündungen, Magenkrämpfen und Leberleiden eingesetzt.
Spitzwegerichschnaps können Sie bei Hautentzündungen auch äußerlich anwenden.

Thymianwein

Thymian (Thymus vulgaris) - Lippenblütler

Das Rezept

1 Tasse getrocknete Thymianblätter und -blüten

1 l Wein

- Zerkleinern Sie die Thymianblätter und -blüten und geben Sie sie mit dem Wein in ein geeignetes Ansatzgefäß.
- Das Ganze gut verschlossen an einem warmen Platz stellen und gelegentlich etwas schwenken (oder umrühren).
- Nach 2 bis 3 Tagen können Sie den Wein in dunkle Flaschen filtern.

Anwendung

Nehmen Sie drei- bis viermal täglich 1 Schnapsgläschen Thymianwein zwischen den Mahlzeiten ein.

Wichtige Inhaltsstoffe

Ätherische Öle, Flavonoide, Gerbstoffe, Phenole.

Pluspunkte für die Gesundheit

Thymian wirkt entkrampfend, schleimlösend und antibakteriell. Thymianwein ist nützlich bei krampfartigem, trockenem Husten und Entzündungen der Bronchialschleimhaut mit zähem, glasigem Schleim.

Gut zu wissen

Die Volksmedizin setzt Zubereitungen aus Thymiankraut auch gegen Magenbeschwerden, Blähungen und Eingeweidewürmer ein. Thymian können Sie gut mit anderen, auswurffördernden Pflanzen kombinieren, etwa mit Anis, Fenchel, Pfefferminze und Salbei, die ebenfalls viel ätherisches Öl enthalten.

Traubensilberkerzengeist

Traubensilberkerze (Cimicifuga spec.) – Hahnenfußgewächse

Das Rezept

1 Tasse gebrauchsfertig getrocknete Wurzelstücke der Traubensilberkerze

1 l Doppelkorn oder Wodka

- Geben Sie die Wurzelstücke mit dem Schnaps in eine weithalsige Flasche.
- Stellen Sie das Gefäß gut verschlossen an einen warmen Platz und schwenken Sie es möglichst mehrmals täglich.
- Filtern Sie nach 5 Tagen die Flüssigkeit in dunkle Flaschen ab.

Anwendung

Nehmen Sie drei- bis fünfmal täglich 20 Tropfen von der Tinktur ein, die Sie mit etwas Zucker im Mund zergehen lassen.

Wichtige Inhaltsstoffe

Harze, Triterpenglykoside wie Acetein und Cimicifugosid.

Pluspunkte für die Gesundheit

Traubensilberkerze hat östrogenartige Wirkungen. Der »Cimicifugaschnaps« soll bei Störungen der Regelblutung und bei Wechseljahresbeschwerden wie Hitzewallungen, Schweißausbrüche, Reizbarkeit und Stimmungsschwankungen Abhilfe schaffen.

Gut zu wissen

Neuesten Studien zufolge sollen Cimicifuga-Extrakte – äußerlich angewendet – den Haarwuchs verbessern.
Traubensilberkerze und Johanniskraut sind ideale Kombinationspartner mit stimmungsaufhellender Wirkung.

Wacholderwein

Wacholder (Juniperus communis) - Zypressengewächs

Das Rezept

1 Tasse getrocknete oder 2 Tassen frische, reife Wacholderbeeren

1 l Wein

- Zerquetschen Sie die Wacholderbeeren ein wenig und geben Sie sie mit dem Wein in ein geeignetes Ansatzgefäß.
- Stellen Sie das Gefäß gut verschlossen an einen warmen Platz stellen und schütteln sie es häufig (oder rühren Sie die Mischung um).
- Nach 2 bis 3 Tagen können Sie den Wein abseihen und in dunkle Flaschen filtern.

Anwendung

Nehmen Sie dreimal täglich 1 Schnapsgläschen voll in kleinen Schlucken zwischen den Mahlzeiten ein.

Wichtige Inhaltsstoffe

Ätherische Öle, Flavonoide, Gerbstoffe, Glykoside.

Pluspunkte für die Gesundheit

Wacholderbeeren wirken entkrampfend, wasser- und harntreibend. Der Heilwein soll Verdauungsbeschwerden mit leichten Krämpfen im Magen-Darm-Bereich, Völlegefühl und Blähungen lindern. Die Volksmedizin nutzt die entwässernde Wirkung der Wacholderbeeren bei entzündlichen Erkrankungen der ableitenden Harnwege.

Gut zu wissen

Das in den Wacholderbeeren enthaltene Öl hat eine stark reizende Wirkung auf die Nieren. Daher wird Wacholder heute nicht mehr als harntreibendes »Entwässerungsmittel« empfohlen.
Setzen Sie einen Heilschnaps mit zerkleinerten Wacholderbeeren an (Zubereitung wie im Standard-Rezept auf Seite 50).

Walnussgeist

Walnuss (Juglans regia) - Walnussgewächse

Das Rezept

1 Tasse getrocknete oder 2 Tassen frische Walnussblätter

1 l Doppelkorn oder Wodka

- Schneiden Sie die Walnussblätter in dünne Streifen und geben Sie sie mit dem Schnaps in eine weithalsige Flasche.
- Stellen Sie das Gefäß gut verschlossen an einen warmen Platz und schwenken Sie es möglichst mehrmals täglich.
- Filtern Sie die Flüssigkeit nach 2 Tagen in dunkle Flaschen ab.

Anwendung

Setzen Sie den Walnussgeist nach Bedarf äußerlich für Umschläge und Teilbäder ein.

Wichtige Inhaltsstoffe

Ätherische Öle, Bitterstoffe, Flavonoide, Gerbstoffe, Glykoside, Phenole, Säuren.

Pluspunkte für die Gesundheit

Walnussblätter haben zusammenziehende und entzündungshemmende Eigenschaften. Der Walnussgeist wird äußerlich angewendet bei leicht entzündeter Haut, Hals- und Zahnfleischentzündungen, Hämorrhoiden und übermäßigem Schwitzen an Händen und Füßen.

Gut zu wissen

Weil die Wirkstoffe von Walnussblättern und den grünen Fruchtschalen die Ausscheidungsorgane Leber, Blase, Nieren, Darm und Haut stark anregen, wird eine daraus hergestellte Tinktur in der Volksmedizin auch innerlich eingenommen - bei Magen-Darm-Beschwerden, Würmern und als »Blutreinigungsmittel«.

Betupfen Sie bei Pilzerkrankungen der Haut die befallene Stelle mehrmals mit etwas Walnussgeist.

Weißdornschnaps

Weißdorn (Crataegus monogyna) – Rosengewächse

Das Rezept

1 Tasse getrocknete oder 2 Tassen frische Weißdornblätter mit Blüten

1 l Doppelkorn oder Wodka

- Zerkleinern Sie die Weißdornblätter und geben Sie sie mit den Weißdornblüten und dem Schnaps in eine weithalsige Flasche.
- Stellen Sie das Gefäß gut verschlossen an einen warmen Platz und schwenken Sie es möglichst mehrmals täglich.
- Filtern Sie nach 3 Tagen die Flüssigkeit in dunkle Flaschen ab.

Anwendung

Nehmen Sie morgens und abends jeweils 1 Esslöffel Weißdornschnaps ein.

Wichtige Inhaltsstoffe

Ätherische Öle, Flavonoide, Gerbstoffe, Säuren.

Pluspunkte für die Gesundheit

Weißdorn wirkt herzstärkend, er verbessert die Durchblutung und Sauerstoffversorgung des Herzens. Weißdornschnaps unterstützt die Leistungsfähigkeit des Herzens im Alter und beseitigt leichte, nervöse Störungen der Herztätigkeit sowie Druck- und Beklemmungsgefühl in der Herzgegend.

Gut zu wissen

Es gibt über 100 Weißdornarten, therapeutisch gut erprobt sind der Zweigriffelige Weißdorn (Crataegus laevigata) und der Eingriffelige Weißdorn (Crataegus monogyna). Nach alter Traditon wird Weißdornschnaps auch mit den im Frühherbst reifen Früchten angesetzt.

Kombinieren Sie für einen »Herzwein« klassischer Machart 1 Liter Rotwein mit Weißdornblüten und -blättern, Mistelkraut, Herzgespann und Johanniskraut zu gleichen Teilen.

Wermutwein

Wermutkraut (Artemisia absinthium) - Korbblütler

Das Rezept

1 Tasse getrocknete oder 2 Tassen frische Wermutblätter, -blüten und -knospen

1 l Wein

- Geben Sie die Zutaten mit dem Wein in ein geeignetes Ansatzgefäß. Das Ganze gut verschlossen an einen warmen Platz stellen und häufig schwenken (oder umrühren).
- Filtern Sie die Flüssigkeit nach 2 Tagen in dunkle Flaschen ab.

Anwendung

Trinken Sie zweimal täglich 1 Schnapsgläschen voll Wermutwein 1/2 Stunde vor dem Essen als Appetitanreger oder zum und nach dem Essen, um die Verdauung zu erleichtern.

Wichtige Inhaltsstoffe

Ätherische Öle, Bitterstoffe wie Absinthin und Artabsin, Flavonoide, Gerbstoffe.

Pluspunkte für die Gesundheit

Wermutkraut kurbelt die Produktion der Magensäfte an. Wermutwein soll den Appetit anregen, leichte Krämpfe im Magen-, Darm- und Gallenbereich lindern sowie Aufstoßen, Völlegefühl und Blähungen verhindern.

Gut zu wissen

Geben Sie dem selbstangesetzten Wermutwein etwas Würze mit ein paar Ingwerstückchen, etwas Rosmarin oder einer Zimtstange.

Vorsicht

Alkoholische Wermutauszüge und Lösungen des ätherischen Öls (Absinth-Liköre) sind wegen ihrer schädlichen Wirkungen nach Dauerkonsum in vielen Kulturstaaten verboten.

Zimtlikör

Zimt (Cinnamomum spec.) - Lorbeergewächse

Das Rezept

4 fingerlange Zimtstangen (die Rinde von jungen Ästen)

1 l Doppelkorn oder Wodka

1/4 l Zuckerlösung

- Geben Sie die Zimtstangen mit dem Schnaps und der Zuckerlösung (siehe Seite 47) in eine weithalsige Flasche.
- Stellen Sie das Gefäß gut verschlossen an einen warmen Platz und schwenken Sie es möglichst mehrmals täglich.
- Filtern Sie nach 4 Tagen die Flüssigkeit in dunkle Flaschen ab.

Anwendung

Nehmen Sie zweimal täglich 1 Likörgläschen voll 1/2 Stunde vor dem Essen als Appetitanreger bzw. zum und nach dem Essen, um die Verdauung zu erleichtern.

Wichtige Inhaltsstoffe

Ätherische Öle mit Zimtaldehyd, Gerbstoffe, Schleimstoffe.

Pluspunkte für die Gesundheit

Zimtrinde ist nicht nur ein geschmacksverbesserndes Mittel, sie hat auch antibakterielle, pilzhemmende Wirkung, fördert die Bildung der Magensäfte und die Beweglichkeit der glatten Darmmuskulatur. Zimtlikör soll Appetitlosigkeit, Verdauungsbeschwerden mit Aufstoßen, Völlegefühl und Blähungen sowie krampfartige Magen-Darm-Beschwerden beseitigen.

Gut zu wissen

Die Volksmedizin verwendet Zimtöl bei unregelmäßiger Monatsblutung und als blutstillendes Mittel.

Da es je nach Stammpflanze sehr unterschiedliche Qualitäten gibt, kaufen Sie die Zimtrinde für den Heillikör am besten in der Apotheke.

Zwiebelwein

Zwiebel (Allium cepa) – Lauchgewächse

Das Rezept

2 bis 3 mittelgroße Zwiebeln

1 l Wein

- Schälen Sie die Zwiebeln und schneiden Sie sie in kleine Stücke.
- Geben Sie die Zwiebelstücke mit dem Wein in ein geeignetes Ansatzgefäß. Das Ganze gut verschlossen an einen warmen Platz stellen und häufig schwenken (oder umrühren).
- Nach 2 Tagen können Sie die Flüssigkeit in dunkle Flaschen filtern.

Anwendung

Nehmen Sie vorbeugend dreimal täglich 1 Schnapsgläschen voll nach dem Essen, bei akuten Beschwerden mehrmals täglich 1 Teelöffel vor dem Essen ein.

Wichtige Inhaltsstoffe

Ätherische Öle, Flavonoide (wie Querzetin), Schwefelstoffe (Allizin).

Pluspunkte für die Gesundheit

Zwiebeln wirken antibakteriell, regulieren die Blutfette und den Blutdruck, verhindern die Bildung von Blutgerinnseln und verringern das Risiko, einen Schlaganfall zu erleiden.

Sie haben entzündungshemmende Eigenschaften, schützen vor Krebs, regen die Ausscheidung von Flüssigkeiten an (wichtig bei Wassereinlagerungen im Gewebe und Bauchraum), helfen bei Atemwegsbeschwerden, Verdauungsproblemen (sie vertreiben Darmpilze und Eingeweidewürmer), Leberschwäche, Beschwerden mit der Prostata, Entzündungen der Haut und Schleimhäute. Zwiebelwein soll den Appetit anregen und altersbedingten Gefäßveränderungen vorbeugen.

Gut zu wissen

Mischen Sie 2 bis 3 Esslöffel Rosmarin unter den Ansatz. Rosmarin wirkt anregend auf den Kreislauf und die Wasserausscheidung.

Fruchtige und gesunde Spezialitäten

Aus Alkohol und Obst lassen sich ausgesprochen schmackhafte Gesundheitselixiere zubereiten. Anders als bei vielen althergebrachten Rezepturen werden die Früchtchen jedoch nicht gekocht, sondern nehmen frisch gewaschen mit dem Wein oder Schnaps Kontakt auf. Nur so bleibt uns ein Großteil ihrer wertvollen Wirkstoffe erhalten, wie Vitamine, Mineralien und die unzähligen bioaktiven Substanzen, die sie an die alkoholhaltige Flüssigkeit abgeben.

Zu den besonders geeigneten Sorten zählen: Aprikosen, Brombeeren, Erdbeeren, Heidelbeeren, Himbeeren, Holunderbeeren, Johannisbeeren, Jostabeeren, Kirschen, Pflaumen, Pfirsiche, Preiselbeeren, Sanddorn, Schlehen, Stachelbeeren, Vogelbeeren (von der süßen Eberesche), Wacholderbeeren und Zitrusfrüchte.

Viele Obstsorten eignen sich vorzüglich für die Herstellung heilsamer Schnäpse, Weine und Liköre. Während heimische Früchte meist nur saisonal zur Verfügung stehen, können Sie auf Überseeimporte das ganze Jahr lang zurückgreifen.

Das Rezept

1 kg vollreife Früchte

$1/8$ bis $1/4$ l Zuckerlösung

1 l Wein oder mindestens 38%igen Wodka (oder Klarer Schnaps, Doppelkorn, Obstler, Himbeer- oder Birnengeist)

- Die Früchte waschen, abtropfen lassen, entstielen.
- Steinobst wir Kirschen oder Aprikosen entkernen. Hartschalige Früchte wie Hagebutten, Sanddorn oder Schlehen leicht zerdrücken.
- Geben Sie die ausgesuchten Früchte mit dem Wein oder mit dem Schnaps in ein gut verschließbares Gefäß.
- Stellen Sie das Gefäß an einen warmen Platz und schwenken Sie es möglichst mehrmals täglich.
- Nach 3 bis 5 Tagen können Sie die Flüssigkeit in dunkle Flaschen filtern.
- Um einen Fruchtlikör herzustellen, können Sie den Ansatz oder den abgefilterten Obstschnaps mit flüssigem Zucker mischen oder ihn unmittelbar vor dem Gebrauch süßen.

Anwendung

Nehmen Sie bis zu dreimal täglich zwischen den Mahlzeiten 1 Glas (0,2 l) Obstwein oder 1Glas (20 ml) Obstschnaps bzw. Likör ein.

Wichtige Inhaltsstoffe

In jeder Sorte stecken unglaublich viele Einzelsubstanzen. Dazu gehören Vitamine (die Antioxidanzien Vitamin A, B, C und E sowie Folsäure), Mineralstoffe (Kalium, Kalzium, Magnesium, Zink), Aminosäuren und natürlich sekundäre Pflanzenstoffe (siehe Seite 25).

Pluspunkte für die Gesundheit

Schlehen lassen sich ähnlich wie Holunder und Hagebutten gut mit Pflaumen, Äpfeln und Birnen kombinieren.

Die selbst angesetzten Obstweine, -schnäpse und -liköre sollen je nach Obstsorte vor Infektionen schützen, die Abwehrkräfte stärken, Arterienverkalkung (Arteriosklerose) vorbeugen, die Verdauung regulieren, Herz- und Kreislauf stärken, den gesamten Stoffwechsel aktivieren und noch vieles mehr ...

Gut zu wissen

Aromatisieren Sie den Fruchtansatz mit einem Esslöffel Gewürznelken, 2 Zimt- oder Vanillestangen.

Je saftiger die frischen Früchte sind, umso hochprozentiger sollte der zugesetzte Alkohol sein.

Mit einigen dieser Früchte lässt sich den ganzen Sommer über ein Rumtopf füllen, der traditionell im Advent reif für den »Anstich« ist. Für den Klassiker brauchen Sie 500 g Früchte je Sorte, jeweils 250 g Zucker und 0,5 l Rum (54 %). Bestreuen Sie beispielsweise Erdbeeren in einem großen Steintopf mit Zucker und füllen Sie so viel Rum auf, dass er die Früchte gut bedeckt. Schichten Sie nach und nach Sauerkirschen, schwarze Johannisbeeren, Aprikosen und Pfirsiche, Zwetschgen und Birnen in gleicher Weise mit Zucker und Rum in den Topf. Er muss stets gut abgedeckt an einem kühlen Ort stehen.

Der »Kleine Schwedenbitter«

10 g Aloe
10 g Angelikawurzel
5 g Eberwurzwurzel
10 g Manna
5 g Myrrhe
10 g Natur-Kampfer
10 g Rhabarberwurzel
0,2 g Safran
10 g Sennesblätter
10 g Theriak venezian
10 g Zitwerwurzel

So beschreibt es Maria Treben: »Diese Kräuter füllt man in eine Flasche und übergießt sie mit 1,5 Liter 38- bis 40-prozentigem Kornbranntwein. Unter täglichem Schütteln bleibt der Aufguss mindestens 14 Tage in der Wärme stehen. Für den täglichen Gebrauch seiht man kleinere Mengen in geeignete Behälter ab, die kühl aufbewahrt werden sollten. Mit fortschreitender Lagerung reift die Heilkraft des Kleinen Schwedenbitters.«

Maria Treben rät, gegen Schmerzen und Erkrankungen jeglicher Art vorsorglich morgens und abends einen Teelöffel von dem »Lebenselixier« mit etwas Wasser oder Tee verdünnt einzunehmen. Doch Vorsicht: Diese traditionelle Schwedenkräutermischung ist wegen des hohen Anteils an abführenden Kräutern wie Senna und Aloe mittlerweile höchst umstritten.

Deshalb unser Tipp: Kaufen Sie sich fertige Mischungen der Schwedenkräuter in der Apotheke. Dort erhalten Sie eine nach neuesten phytopharmakologischen Erkenntnissen sinnvoll zusammengestellte Komposition. Da die einzelnen Pflanzen sehr unterschiedliche Heileigenschaften entfalten, hat solch ein »Schwedenbitter« keine gezielte, sondern eine ganzheitlich kräftigende und wohltuende Wirkung.

Die Zubereitung ist übrigens so einfach, wie Sie das vom Ansetzen der anderen Heilschnäpse her kennen: Füllen Sie die Kräutermischung mit Doppelkorn oder Wodka in eine weithalsige Flasche. Stellen Sie das Gefäß gut verschlossen an einen dunklen, warmen Platz und schwenken Sie es möglichst mehrmals täglich. Filtern Sie nach 3 bis 4 Tagen die Flüssigkeit in dunkle Flaschen ab.

Das Rezept für den »Kleinen Schwedenbitter« hat der schwedische Arzt Dr. Samst überliefert, dessen ganze Familie ein hohes Lebensalter erreicht haben soll.

Rezeptregister

Sachregister

Wichtiger Hinweis

Die im Buch veröffentlichten Ratschläge wurden mit größter Sorgfalt von Verfasserin und Verlag erarbeitet und geprüft. Eine Garantie kann jedoch nicht übernommen werden. Ebenso ist eine Haftung der Verfasserin bzw. des Verlages und seiner Beauftragten für Personen-, Sach- oder Vermögensschäden ausgeschlossen.

Impressum

Bildnachweis
Umschlagfoto: FinePic, München
Fotos: akg-images/Rabatti-Domingie S.6; Corbis/Liu Liqun S.43; Fotex/Stefano Cellai S.11; Getty images/FoodPix S.53; JahreszeitenVerlag/Gabi Zimmermann S.20; Klosterfrau S.27, S.59–64, S.66–72, S.75, S.77–88, S.90-99, S.101–102; Mauritius/Römmelt S.13/age S.36/Mallaun S.56/Reinhard S.65/Rosenfeld S.100; Picture Alliance/akg-images S.9, S.10; Wolfgang Redeleit S.74; Reinhard Tierfoto S.2-3, S.5, S.40, S.55, S.58; StockFood/Food; Photography Eising S.16, S.76/Martina Urban S.18/Gerhard Bumann S.19/Daniel Czap; S.29/Uwe Bender S.46/Maximilian Stock LTD S.48/Tom Eckerle S.73/Ulla Mayer-Raichle S.89, S.103/Peter Rees S.106; Zefa/Sucre Sale/Maxinilian Stock LTD S.23/H.Reinhard S.24

Bibliografische Information Der Deutschen Bibliothek
Die Deutsche Bibliothek verzeichnet diese Publikation in der Deutschen Nationalbibliografie; detaillierte bibliografische Daten sind im Internet über http://dnb.ddb.de abrufbar.

Projektleitung: Franz Leipold
Redaktion: Helene Weinold, Altenmünster-Violau
Herstellung: Veronika Preisler
Bildredaktion: Sylvie Busche (Ltg.), Lena Wendte
Umschlagkonzeption: Zero Werbeagentur, München
Satz: QuarkXpress im Verlag
Reproduktion: Repro Ludwig, Zell am See
Druck und Bindung: Appl, Wemding
Printed in Germany

ISBN 3-426-66905-6